Ii 3
89
A

L'HERMITE
DE
LA CHAUSSÉE-D'ANTIN.

Les formalités voulues par les lois ayant été remplies, je poursuivrai les contrefacteurs suivant toute leur rigueur.

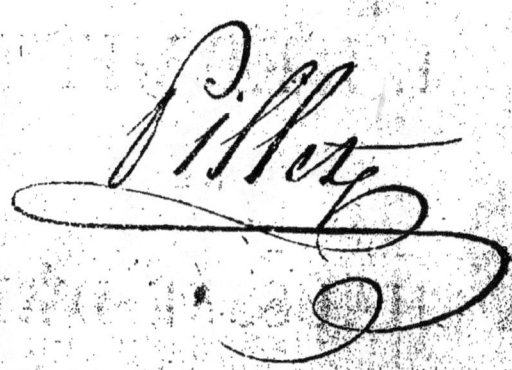

Chaque volume de l'Hermite *se vend séparément.*

L'ouvrage complet est de 5 vol. ornés de 10 gravures.

~~~~~~~~~~~~~~~~

Les personnes qui désireront le Catalogue de ma Librairie, pourront le faire demander, il leur sera envoyé *gratis*.

~~~~~~~~~~~~~~~~

DE L'IMPRIMERIE DE PILLET.

L'HERMITE

DE

LA CHAUSSÉE-D'ANTIN,

OU

OBSERVATIONS

SUR LES MŒURS ET LES USAGES PARISIENS

AU COMMENCEMENT DU XIXe SIÈCLE.

TROISIÈME ÉDITION,
ORNÉE DE DEUX GRAVURES.

Chaque âge a ses plaisirs, son esprit et ses mœurs.
BOIL., *Art Poét.*

TOME CINQUIÈME,

A PARIS,

CHEZ PILLET, IMPRIMEUR-LIBRAIRE,

RUE CHRISTINE, N° 5.

1814.

L'HERMITE
DE
LA CHAUSSÉE-D'ANTIN.

N° CIII. — 6 *janvier* 1814.

MES PROJETS POUR L'AN M. DCCC. XIV.

L'HERMITE ET SON MÉDECIN.

Vitæ summæ brevis spem nos vetat inchoare longam.
HOR., ode 4, lib. 1.

La vie est courte ; ne portons pas trop loin nos espérances.

L'HERMITE (*après une quinte de toux*).

SANS doute, mon cher Docteur, c'est une belle chose que la vieillesse ; mais avouez qu'elle a bien des inconvéniens.

LE DOCTEUR.

Cicéron, comme vous le savez, ne lui en

V.

trouve que quatre petits : le premier, de nous empêcher d'agir ; le second, d'amener à sa suite les infirmités ; le troisième, de nous rendre étrangers à presque tous les plaisirs ; le quatrième enfin, de nous approcher de la mort.*

L'HERMITE.

Comme on peut ranger dans ces quatre classes à-peu-près tous les malheurs de la vie, vous conviendrez que ces petits inconvéniens-là en valent bien d'autres ; néanmoins Cicéron pouvait ajouter en forme de supplément : l'humeur que la vieillesse nous donne, la gaîté qu'elle nous ôte, et l'inquiétude continuelle où elle nous tient.

LE DOCTEUR.

Cette réflexion chagrine que vous suggère votre maladie et non votre âge, n'a point d'autorité dans la bouche d'un homme dont l'exemple réfute aussi victorieusement l'opinion : il y a vingt ans que je vous connais, et je ne vous

---

* *Unam, quod avocet à rebus gerendis; alteram quod corpus faciat infirmum; tertiam, quod privet omnibus fere voluptatibus; quartam, quod haud procul absit à morte.*
CICERO, *de Senectute.*

ai jamais vu (accès de goutte et rhumatisme à part) d'une humeur plus égale, d'une gaîté plus franche et d'une tranquillité d'esprit plus philosophique.

L'HERMITE.

L'exception ne détruirait pas la règle, fût-elle même aussi complète que vous le croyez : mais le fait est que si j'avais besoin de me convaincre de l'affaiblissement de mes facultés physiques et morales, j'en trouverais la preuve dans une disposition nouvelle, contre laquelle je lutte de toute la force de mon caractère, et qui se manifeste dans une sorte de répugnance que j'éprouve de tems à autre pour les choses mêmes dont j'ai le goût ou l'habitude. Ces livres qui m'environnent, auxquels je dois, non pas les plus vifs, mais les plus doux plaisirs de ma vie, je les vois quelquefois de l'œil du sénateur *Pococurante*.* Je me dis, en regardant cet amas de papier (dont les bêtes ne se bornent pas toujours à faire les frais de la couverture), que ces quatre ou cinq mille volumes se réduiraient, d'après le calcul du savant évêque d'Avranches,

* Personnage du roman de *Candide*.

à un seul petit in-12, si l'on n'y faisait entrer que les choses vraies, utiles et une fois dites.

LE DOCTEUR.

C'est votre maladie.

L'HERMITE.

Le commerce des gens que j'aime le plus m'est quelquefois à charge; la lenteur et le radotage de mon vieux domestique me deviennent insupportables.

LE DOCTEUR.

C'est votre maladie.

L'HERMITE.

Je m'étonne, comme si je venais d'en faire la découverte, qu'il y ait tant de fous, tant de sots et tant de méchans au monde.

LE DOCTEUR.

C'est votre maladie.

L'HERMITE.

Ma maladie! ma maladie! Vous me traitez comme le *Géronte* du *Légataire*. Ma maladie, c'est mon extrait de baptême.

LE DOCTEUR.

Point du tout; la vieillesse est relative; tel

homme de soixante-quatorze ans est plus jeune que tel autre à cinquante. Vous n'êtes pas vieux encore : vous êtes malade. Vous avez mal aux nerfs.

L'HERMITE.

Comme je rirais si je n'avais pas peur de tousser ! A moi, une maladie de petite-maîtresse ? Vous seriez bien embarrassé, Docteur, si je vous demandais ce que c'est que le mal de nerfs.

LE DOCTEUR.

Je vous expliquerais la chose, comme le médecin de Molière explique la vertu de l'opium, et il ne faudrait pas trop rire de ma définition ; car bien que le docteur *Pangloss* assure avec raison qu'il n'y a pas d'effet sans cause, il n'est pas donné aux médecins ni même aux philosophes de les connaître toutes.

L'HERMITE.

Si vous ne connaissez pas la cause du mal, comment voulez-vous le guérir ?

LE DOCTEUR.

Comme je fais venir du blé sans savoir comment il germe ; comme j'ordonne une médecine sans savoir comment elle purge.

Contraste insuffisant
NF Z 43-120-14

MES PROJETS

L'HERMITE.

J'ai donc mal aux nerfs : hé bien ! soit ; main-nant, que faut-il faire à cela ?

LE DOCTEUR.

Reprendre, pendant l'hiver, un exercice que vous avez interrompu depuis quelques mois, et dès que les premières feuilles annonceront le printems, sortir de Paris et vous mettre en course.

L'HERMITE.

Savez-vous, mon cher Docteur, qu'entr'autres griefs que j'ai contre Hippocrate et sa brigade (griefs sur lesquels il faudra que je m'explique un jour avec vous à cœur ouvert), un des plus grands est cette habitude de ne compter pour rien l'état et la position du malade, en prescrivant le remède. Rien de plus absurde, à mon sens, que la médecine par recettes générales ; je ne me réconcilierai avec votre art que lorsque je le verrai agir sur l'individu et non sur l'espèce. Ordonner à un pauvre diable de ferblantier de la rue des Prouvaires, qui gagne un écu par jour, de se mettre au régime de vin de quinquina pour se guérir des fièvres, n'est-ce pas lui dire de faire son testament ? Prescrire à la femme d'un marguillier de la paroisse Saint-Jacques-du-Haut-Pas d'aller prendre les eaux de Tœplitz pour se mettre dans le cas de devenir mère, n'est-ce pas condamner impitoyablement son mari à mourir sans héritiers ? Il en est de même de votre ordonnance : je me suis fait hermite, et vous voulez que je me remette à courir le monde. Constitué *observateur des Mœurs parisiennes*, irai-je remplir ma tâche sur les bords de la Loire, dans les montagnes du Dauphiné ou dans les plaines du Languedoc ?

LE DOCTEUR.

Voilà justement où je voulais en venir. Pourquoi vous croiriez-vous obligé de confiner dans les murs de la capitale vos observations sur nos mœurs ? Les Français sont-ils tous à Paris ? Plusieurs de vos correspondans vous ont déjà fait la même question. Que Paris soit le centre de vos opérations ; que tous vos réseaux, comme ceux d'Arachné, viennent aboutir au même point, rien de mieux ; mais étendez votre trame; attachez-en les fils à nos provinces, et (pour suivre la comparaison jusqu'au bout), averti par le moindre mouvement, sortez de votre trou et courez saisir votre proie à l'extrémité de la toile.

L'HERMITE.

J'y ai pensé plus d'une fois; mais nos romanciers, nos poètes dramatiques ont déjà tant parlé des ridicules de la province!.....

LE DOCTEUR.

Comme des ridicules du Marais, par tradition et sans aucun égard aux changemens que le tems et les circonstances y ont apportés. D'ailleurs, il est un point de vue plus utile, plus général, sous lequel on a rarement envisagé la province, et que vous parviendrez à saisir. Les nuances qui distinguent les mœurs, les usages, les habitudes, dans les différentes parties de la France, voilà ce qu'il est important de connaître et de comparer quelquefois pour l'amusement et, plus souvent même, pour l'instruction de la capitale.

L'HERMITE.

Je commence à croire, mon cher Docteur,

que votre ordonnance n'est point impraticable, et me voilà presque décidé à entreprendre, au retour de la belle saison, quelques excursions sur les terres départementales, où j'aurai soin, comme vous pouvez croire, de voyager incognito. Une fois d'accord sur le projet, parlons des moyens d'exécution : je ne suis pas assez ingambe pour m'en aller, à la manière de J. J. Rousseau, un bâton à la main et portant mon bagage en sautoir ; je ne suis plus assez jeune pour entreprendre un voyage à cheval, et je ne suis ni assez pressé ni assez riche pour voyager en poste.

LE DOCTEUR.

Reste ce qu'il y a de mieux pour un homme qui se déplace avec l'intention d'en voir d'autres, les voitures publiques : une diligence, une patache, un coche d'eau est un excellent cabinet d'observations : les modèles s'y pressent en quelque sorte, sous les yeux du peintre, et ce n'est pas à vous que j'apprendrai le parti qu'on peut tirer de semblables situations.

L'HERMITE.

Voilà encore un point arrêté : maintenant

mon cher Docteur, où irai-je ? Je suis dans mon jour de déférence pour la médecine : tracez-moi un itinéraire en forme d'ordonnance ; cela vous donnera l'occasion de disserter sur *le climat* et sur *le tempérament :* deux mots qui jouent un grand rôle dans le Dictionnaire de la Faculté, en attendant qu'elle sache ce qu'ils veulent dire.

LE DOCTEUR.

Vous êtes bien heureux que je sois encore plus votre ami que je ne suis votre médecin, sans cela !.....

L'HERMITE.

Je sens toute la force de ce *quos ego....* N'importe, Docteur ; présentez le breuvage, et, comme Alexandre, je le bois sans hésiter.

LE DOCTEUR.

Je reviens sur votre épigramme, et je me demande s'il est possible qu'un homme de bon sens pousse l'entêtement jusqu'à nier l'influence du climat.

L'HERMITE.

Je ne nie point, Docteur ; je doute. Je sais que l'auteur de *l'Esprit des Lois*, dont l'autorité est d'un bien grand poids à mes yeux, a dit que *l'on pourrait distinguer les climats par degrés de sensibilité, comme on les distingue par degrés de latitude ;* qu'il a cru trouver, dans la position géographique des différens pays, l'origine des qualités et des défauts de leurs habitans : mais l'expérience, dont l'autorité l'emporte sur celle de Montesquieu, m'a prouvé que le même pays, à quelques siècles d'intervalle, avait été successivement habité par la nation la plus brave, la plus entreprenante, la plus libre, et par le peuple le plus lâche, le plus paresseux, le plus esclave de la terre : j'ai trouvé, contre son système, les Cafres belliqueux sous l'équateur, et les timides Lapons auprès du pôle : en un mot, Docteur, rien ne me paraît moins prouvé que cette influence du climat dont on a fait tant de bruit.

LE DOCTEUR.

Au moral, tout ce qu'il vous plaira ; ce n'est point là mon affaire ; je ne m'inquiète pas d'où viennent les vices des hommes ; je cherche d'où naissent leurs maladies ; et cette expérience, que vous invoquez toujours, fait de l'examen du climat une loi fondamentale de l'hygiène : au demeurant, cette question est ici tout-à-fait oiseuse. Quand on se promène dans la chambre, il n'importe guère que ce soit en long ou en large, du nord au sud, ou de l'est à l'ouest ; vous voyagerez comme on se promène, pour changer d'air, pour faire un exercice utile à votre santé ; vous ne séjournerez que trois ou quatre jours dans le même endroit ; il est donc assez indifférent que vous vous dirigiez sur tel point ou sur tel autre : vous prendrez le chemin qui vous paraîtra le plus agréable.

L'HERMITE.

Voilà ce qui s'appelle parler en ami ; vos confrères ne sont pas toujours aussi clairs ni aussi laconiques.

LE DOCTEUR.

Il y a des professions comme la nôtre, comme la vôtre, où il faut quelquefois parler pour n'être pas entendu. Réduisez un avocat à la seule discussion du fait ; ôtez-lui ses citations, ses amplifications, ses exordes, ses péroraisons, et vous verrez ce que deviendra l'éloquence du barreau ; exigez des journalistes de ne rien avancer dont ils ne soient sûrs, de ne louer que ce qu'ils estiment, de ne censurer que ce qu'ils entendent; ôtez-leur la réputation de la veille, l'érudition du jour et l'intérêt du moment; vous verrez ce que deviendront les journaux, même la *Gazette*.....

L'HERMITE.

De Santé?

LE DOCTEUR.

Même la *Gazette de Santé :* bien qu'on y trouve plus de savoir, plus de vérités, sur-tout, et même, si j'ose le dire, plus d'esprit que dans tel ou tel journal soi-disant littéraire.

L'HERMITE.

Prenez-y garde, Docteur, si vous jetez des pierres dans notre jardin, nous ferons pleuvoir une carrière dans le vôtre.

LE DOCTEUR.

Vos pierres ne tuent personne.

L'HERMITE.

Que n'en puis-je dire autant des... (*Il tousse.*)

LE DOCTEUR.

C'est cela !.... une bonne quinte, en expiation de vos épigrammes contre la médecine. Souvenez-vous que Molière en est mort.

L'HERMITE.

Je vous offre, ce soir, une place pour voir *le Malade Imaginaire*.

LE DOCTEUR.

Adieu, bon Hermite.

L'HERMITE.

Adieu, malin Docteur.

LE DOCTEUR.

Je vous recommande, pour votre catarrhe, mon sirop pectoral et l'apozème suivant l'ordonnance.

L'HERMITE.

Je la suivrai ; songez-y bien : adieu, mon ami.

LE DOCTEUR (*revenant*).

Toute réflexion faite, ni sirop ni apozème; tenez-vous chaudement et buvez beaucoup d'eau sucrée.

N° CIV. — 12 *janvier* 1814.

A MES CORRESPONDANS.

— Prodire tenus si non datur ultra.
Hor. Ep. 1, lib. 1.

J'aurai du moins fait quelques pas, si je ne puis aller plus loin.

J'ENTENDS crier tous les jours contre des gens en place qui ont pris le parti de ne point répondre aux lettres qu'on leur écrit, et je me rends volontiers l'écho des reproches que cette conduite leur attire. Je n'admets aucune excuse à leur silence : quiconque jouit des avantages attachés à un poste éminent, en doit accepter les charges. « La fatigue que je vous cause, l'ennui que je vous donne, dirais-je à ces Messieurs, n'est pas seulement un inconvénient, mais un devoir de votre état ; et je ne vois qu'insolence ou paresse dans le refus qu vous faites de le remplir. » Mais cette obligation, dont je ne pense pas qu'un fonctionnaire public puisse s'affranchir, n'en est pas une pour moi, pauvre Hermite, observant, catéchisant du fond de ma cellule, sans mission, et sans autre profit que l'espoir d'être utile. Je reçois beaucoup de lettres; je les lis avec attention; j'en publie quelques-unes d'un intérêt général; je prends note des choses intéressantes ou des observations judicieuses que les autres renferment, pour les employer dans l'occasion; mais je ne réponds particulièrement à aucune : mon tems y passerait tout entier, et je suis arrivé à une époque de la vie où l'on connaît le prix des heures.

En faisant, il y a quelques jours, le triage des lettres de l'année, j'ai mis à part celles dont les auteurs m'adressent des questions auxquelles je puis répondre en quelques lignes : chacun d'eux voudra bien prendre la part qui lui revient dans cette réponse collective.

Madame *C. de M.*, en m'annonçant l'intention où elle est de se retirer à Dinan et de quitter la capitale, où elle se sent tourmentée *du besoin de critiquer et de la démangeaison d'écrire*, me demande ce que je pense de sa résolution. Si je considérais moins son bonheur particulier que le plaisir des autres (en regardant sa lettre comme un essai de son talent), je pourrais l'engager à céder au penchant qu'elle combat, et l'encourager, par l'exemple de plusieurs personnes de son sexe qui se distinguent, à Paris, dans la carrière des lettres et des arts; mais j'ai consulté, sur ce point, une femme dont l'autorité ne pourrait être suspecte que d'une trop grande prévention en faveur d'une célébrité qu'elle a justement acquise, et c'est Mme Dufresnoy qui répond à Mme C. de M. :

  J'ignorais alors qu'une femme,
Payant toujours trop cher la palme d'un écrit,
Pour jouir en repos des vertus de son ame,
Au sévère public, écho léger du blâme,
Ainsi que ses appas doit voiler son esprit :
J'ignorais qu'au Parnasse une douce victoire
Nous donne moins d'éclat encor que de travers ;
J'ignorais que vos cœurs (*des hommes*) inconséquens
   et fiers,
Même en nous adorant, haïssent notre gloire,
  Et que l'action la plus noire
Nous fait moins d'ennemis que quelques petits vers.

Enfin, puisque Mme C. de M. ne peut échapper à la tentation du bel-esprit qu'en s'éloignant de la capitale, je lui conseille, dans toute la sincérité de mon ame, de prendre la route de Dinan le plus tôt possible. Il est encore plus facile d'être heureuse sur les bords de la Rance que d'être célèbre sur les bords de la Seine; et quant au plaisir de critiquer, qui n'est guère que celui de médire, Mme C. de M. pourra s'y livrer avec plus de succès et de sécurité dans une petite ville de province, où tout fait scandale, où le plus petit murmure est entendu, que dans ce Paris, où la plus forte explosion de la plus grosse calomnie se perd le plus souvent dans le bruit général.

En continuant, suivant les règles de la galanterie, à m'occuper d'abord de mes aimables Correspondantes, je viens à Mme *de Saint-P****, qui me demande quelques instructions sur la manière de composer sa bibliothèque. Si cette dame demandait à un médecin de lui indiquer les remèdes dont elle doit composer une petite pharmacie à son usage, le docteur, avant tout, voudrait savoir quels sont son âge, son tempérament, ses goûts, ses habitudes; je dois en agir de même : une bibliothèque est une espèce de pharmacie morale ; on y a beaucoup multiplié les drogues, et le médecin prudent ne les administre pas au hasard. Que Mme de Saint-P*** veuille donc bien m'apprendre quel est son rang dans le monde, sa position dans sa famille, sa fortune et son âge, et je me hasarderai à lui donner mon avis sur le choix des livres dont elle veut meubler son boudoir. S'il arrivait qu'elle fût mère de famille, qu'elle eût une maison à conduire et des enfans à élever, cela réduirait beaucoup le catalogue.

Je regrette de ne pouvoir citer en entier la lettre de Mlle *Charlotte de S.*; on y verrait un petit tableau d'intérieur plein d'intérêt et de vérité; en me parlant de sa famille, Mlle Charlotte m'apprend assez le prix que je dois mettre aux éloges que l'on y donne aux homélies du vieil Hermite ; et comme on aime assez généralement à occuper de soi les gens que l'on estime, je ne me presserai pas de terminer la dispute qui s'est élevée sur mon âge au château de S***. Pour répondre sans fâcher personne, si je parle à M. de S*** du siége de Harbourg, si je lui donne des détails sur cette belle défense qui fait tant d'honneur à M. *de Pereuse*; si je lui cite quelques anecdotes relatives aux souffrances que nous endurâmes pendant le blocus, et qu'on ne peut connaître à moins d'avoir été *dans la bouteille*, comme dit Sosie; M. de S***, calculant mon âge depuis 1757, en concluera qu'il a gagné, et que je ne puis avoir moins de soixante-douze ans. Si je nomme à monsieur son neveu le général, quelques jeunes officiers avec qui j'ai servi dans la guerre de l'Indépendance; si je lui rappelle certaines folies de jeunesse dont on a beaucoup parlé à New-York, et que l'on a mises sur mon compte, il en concluera que je dois être d'une trentaine d'années moins âgé que son oncle ne le suppose; mais beaucoup de gens attesteront au frère de Mlle Charlotte, qui revient de Bengale, que non-seulement j'ai fait, comme lui, le voyage des Indes, mais que j'en suis revenu très-jeune pendant la révolution; je n'aurais plus, à ce compte-là, qu'une quarantaine d'années, ce qui lui ferait gagner son pari, à ma très-grande satisfaction.

Maintenant, comment faire pour entretenir Mlle Charlotte dans l'opinion où elle est que je suis un jeune homme? En lui faisant remarquer dans mes écrits une foule de passages qui prouvent que j'aime plus les femmes que je ne les connais; un certain penchant à excuser la jeunesse, qui peut faire croire que je plaide dans ma propre cause; enfin, une connaissance approfondie des superfluités de la mode, qui ne se loge guère dans une tête à cheveux blancs. Quoi qu'il en soit de tous les portraits que l'on se fait de moi au château de S***, celui auquel je serais plus glorieux de ressembler a été tracé dans ces beaux vers de Shakespeare, dont Mlle Charlotte me fait une beaucoup trop généreuse application :

>   *He has. . . . .*
>   *Made use and fair advantage of his days;*
>   *His years are young but his experience old;*
>   *His head unmellow'd but his judgement ripe.*

Il y a bien de l'esprit, bien de la grâce dans la lettre que m'a écrite, de B...., Mlle C.... F....; mais je me crois bien loin de mériter les louanges qu'elle me prodigue, si j'ai à me reprocher d'avoir fait naître chez elle le désir *de quitter la province, et d'imposer à son mari futur l'obligation de la conduire dans la capitale;* Mlle C.... n'a que quatorze ans; elle est bien jeune, et il lui est permis de ne pas savoir encore qu'il est, pour une femme, des plaisirs plus doux que celui des spectacles, des promenades plus agréables que celle du *Salon*, et des devoirs plus chers que celui de cultiver son esprit et son goût. La raison précoce dont elle paraît douée, jointe à une plus longue expérience de la vie, lui auront bientôt appris que le bonheur des femmes est une plante qu'il faut cultiver en famille; qu'elle s'accommode mal d'une forte agitation et de l'éclat du trop grand jour, et qu'enfin il ne faut pas placer ses espérances hors du cercle où l'on est destiné à vivre.

M. F... de Neu...., qui a bien voulu me communiquer le manuscrit d'un ouvrage *sur l'Économie Politique*, me demande ce que je pense de l'utilité d'un pareil livre; je lui réponds, avec M. Necker (dont l'autorité est d'un plus grand poids que la mienne), qu'on fera jusqu'à la fin du monde des livres sur cette science; que l'on ne pourra jamais y être qu'à la suite des opinions des autres; que toutes les routes s'y trouvant en cercle, on doit toujours et nécessairement y revenir sur ses pas.

M. Ber**, de Colmar, qui *prend le rire pour une convulsion*, et pense que la *gaîté est un état contre nature*, voudrait que je traitasse habituellement quelques points d'érudition, de statistique, quelques questions de métaphysique, d'histoire, ou tout au moins de haute littérature : il pousse la complaisance jusqu'à m'indiquer plusieurs sujets, dont un seul, bien traité, ouvrirait certainement à son auteur la porte de la troisième classe de l'Institut; mais le savant Alsacien ne me dit pas comment de semblables questions pourraient se rattacher à la peinture des mœurs, objet spécial de mes observations et de mes Discours : sans examiner jusqu'à quel point je serais ou non capable de remplir une pareille tâche, j'ai tout lieu de croire que mes lecteurs habituels ne me tiendraient aucun compte de leur prouver que *Platon, Confucius et le grand Albert avaient la même opinion sur l'immortalité de l'ame*, ou *que le genre humain a commencé dans l'île de Ceylan.* Je n'oserais même pas assurer qu'ils prissent le moindre plaisir à me voir *redresser les erreurs* *nombreuses qui se trouvent dans la* Bibliothèque Historique *du P. Lelong.* Je pense, comme Plutarque, qu'il n'y a point de bons propos tenus hors de propos, et je demanderai la permission à mon correspondant de Colmar, de continuer à me renfermer dans les limites que je me suis tracées.

M. Eugène D*** est arrivé à Paris, avec beaucoup d'esprit et peu d'argent; il a fondé de grandes espérances sur les bonnes études qu'il a faites, et sur *l'amour de rimer* qui le possède. Il a commencé par faire *incognito* des vers d'almanach *que personne n'a critiqués;* ce premier succès lui a donné l'idée de suivre la carrière du théâtre; il a dédaigné les théâtres secondaires, et il a eu l'honneur de se faire refuser deux grands ouvrages aux Français. Ce double échec lui a fait soupçonner qu'il s'était mépris sur son talent; il a quitté la scène, et s'est jeté dans l'éloquence académique; il s'y croyait d'autant mieux appelé, qu'il y a très-peu de poètes ou d'orateurs du jour qui puissent se flatter d'habiller une pensée commune de mots plus harmonieux, et de cadencer plus régulièrement une période; cependant, il a concouru cinq fois, et n'a obtenu qu'un *accessit* à l'Académie de Bruxelles. Dans un premier accès de découragement, M. Eugène se plaint à moi de l'injustice et de la sottise de son siècle; je le console du mieux que je puis, en lui apprenant que son histoire est, en ce moment, à Paris, celle d'une foule de jeunes gens qui se sont laissé prendre aux mêmes amorces. Il me demande des conseils; je n'en ai qu'un à lui offrir, et je crains bien qu'il ne tarde trop long-tems à le suivre : « Vous avez de l'esprit, des talens, M. Eugène; retournez à Caen : appliquez-vous à l'étude de la jurisprudence, et peut-être, avant quatre ans, figurerez-vous avec honneur à la barre d'un tribunal de première instance. Votre père occupait une place dans une administration, vous pourrez y entrer comme surnuméraire; l'intelligence, le travail et l'application vous y assigneront bientôt un rang plus honorable et plus lucratif. On a beau déclamer contre l'injustice et les passe-droits, l'homme utile finit toujours par faire son chemin, ne fût-ce qu'à la suite de l'homme puissant. »

Je ne terminerai pas cette espèce de circulaire

26 A MES CORRESPONDANS.

sans remercier mon spirituel et mystérieux correspondant A***, de plusieurs lettres charmantes qu'il m'a écrites, et dont j'ai fait discrètement mon profit.

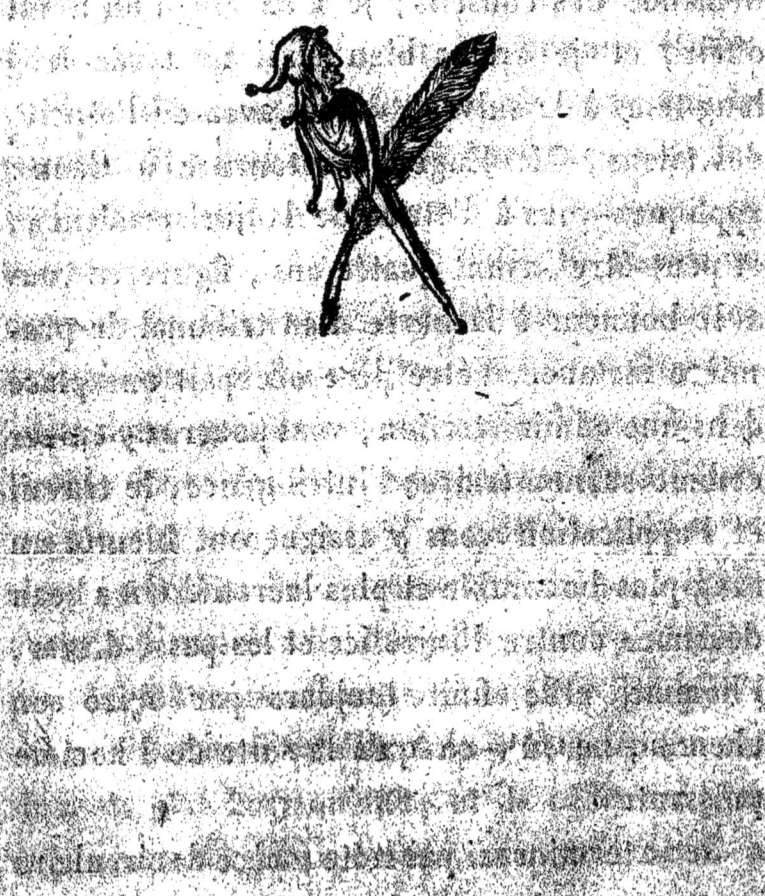

N° CV. — 15 janvier 1814.

LE GATEAU DES ROIS.

Fabam mimum agunt.
CICER.
Ils tirent le Gâteau des Rois.

Je voudrais qu'on ne confondît pas les préjugés d'un peuple avec ses habitudes. On ne saurait poursuivre les uns avec trop de persévérance ; mais il est rare que l'on gagne quelque chose à détruire les autres. Tout préjugé est né d'un vice ; toute habitude nationale prend sa source dans une vertu. La démonstration de cette vérité ferait de ce Discours un chapitre de morale ; mais

Trop de morale entraîne trop d'ennui.

J'abandonne donc ce principe à lui-même, et j'en viens aux fêtes de famille, que je mets au nombre de ces vieilles habitudes dont je vois avec regret s'affaiblir chaque jour la vénérable autorité.

Ce goût m'a été inspiré dès mes plus jeunes ans par un de mes oncles maternels, le prieur d'*Armentières*, qui passait chez mon père tout le tems qu'il ne passait pas à son prieuré, c'est-à-dire, onze mois et demi par an. Le prieur avait un appartement au second, dont sa bibliothèque occupait la plus grande partie. Au-dessus d'une espèce de table à la Tronchin, où il travaillait, je vois encore, dans un cadre de bois d'ébène, un calendrier à son usage, qu'il dressait lui-même au commencement de chaque année, et dans lequel il avait soin d'inscrire, par ordre de date, les fêtes, les anniversaires de tous ses parens, de tous ses amis, et même de toutes ses connaissances. Le jour arrivé, on était sûr de recevoir à domicile un bouquet accompagné, pour l'ordinaire, d'une pièce de vers ou d'un couplet en forme de compliment. Ce qu'il faisait pour les autres, il l'exigeait pour lui d'une manière si absolue, qu'il déshérita un de ses parens pour avoir négligé de lui écrire une lettre de bonne année.

Mon oncle, tout en exagérant l'importance de semblables devoirs, avait sur ce point des idées qui n'étaient pas tout-à-fait étrangères à la saine morale : je me souviens que dans une petite comédie qu'il avait faite à ce sujet, un des personnages traitait d'abus cet asservissement à des coutumes puériles.

Tous ces grands mots ne m'en imposent guère ;
C'est à l'abus, d'abord, qu'on déclare la guerre ;
Mais l'usage y tenait : on le laisse déchoir,
Et l'usage détruit, entraîne le devoir :
Voilà, Monsieur, comment avec de belles phrases,
De la société l'on sape enfin les bases.

Combien d'exemples ne nous citait-il pas de querelles assoupies, de procès entre parens, terminés dans ces réunions de famille que l'usage prescrivait autrefois, et qu'il semble à peine tolérer aujourd'hui ! Le *Réveillon*, le *Gâteau des Rois*, le *Mardi-Gras*, la Saint-Martin, étaient alors des fêtes domestiques où les jeunes gens trouvaient des plaisirs qu'ils vont maintenant chercher ailleurs. Mon oncle le prieur connaissait, dans leurs petits détails, le cérémonial de ces fêtes, et mettait tous ses soins à le faire observer. Ces jours-là, il se constituait, de sa pleine autorité, maître de maison ; il ordonnait le repas, présidait aux invitations, désignait les places à table, et veillait à ce que tout se passât dans les règles.

De toutes les fêtes de famille, celle *des Rois* était, à ses yeux, la plus importante ; aussi voulait-il qu'on la célébrât avec une pompe toute particulière. Les souvenirs qui m'en restent ne m'ont jamais permis de relire, sans une vive émotion, la description charmante que M. de Châteaubriand a faite de cette fête antique, où j'ai si souvent assisté. La famille était nombreuse, la salle du festin était grande ; il ne reste que moi de tous les convives.

« Les cœurs simples (dit l'auteur du *Génie*
» *du Christianisme*) ne se rappellent pas sans at-
» tendrissement ces heures d'épanchement où
» les familles se rassemblaient autour des gâ-
» teaux qui retraçaient les présens des Mages.
» L'aïeul retiré pendant le reste de l'année au
» fond de son appartement, reparaissait dans
» ce jour comme la divinité du foyer paternel.
» Ses petits-enfans, qui depuis long-tems ne
» rêvaient que la fête attendue, entouraient ses

» genoux et le rajeunissaient de leur jeunesse.
» Les fronts respiraient la gaîté, les cœurs
» étaient épanouis, la salle du festin était dé-
» corée, et chacun prenait un vêtement nou-
» veau : au choc des verres, aux éclats de la
» joie, on tirait au sort ces royautés éphé-
» mères ; on se passait un sceptre qui ne pe-
» sait point aux mains du monarque. Souvent
» une fraude qui redoublait l'allégresse des su-
» jets et n'excitait que les plaintes de la sou-
» veraine, élevait au trône la fille du lieu et le
» fils du voisin nouvellement arrivé de l'armée.
» Les jeunes gens rougissaient, embarrassés
» qu'ils étaient de leur couronne ; les mères
» souriaient, et l'aïeul vidait sa coupe à la
» nouvelle reine : le curé, présent à la fête,
» recevait, pour la distribuer avec d'autres
» secours, cette première part, appelée la *part*
» *des pauvres*. Des jeux de l'ancien tems, un
» bal, dont quelque vieux serviteur était le
» musicien, prolongeaient les plaisirs, et la
» maison entière, nourrices, enfans, fermiers,
» domestiques et maîtres dansaient ensemble
» la ronde antique. »

Je n'ai pu me refuser au plaisir de remettre

sous les yeux de mes lecteurs ce tableau charmant, plein de grâce et de vérité, au risque d'une comparaison dont je sens tout le désavantage.

Je lisais, il y a quelques jours, le passage que je viens de citer, en présence d'un M. Fergus, savant plus estimable qu'orthodoxe, avec qui j'ai fait mes études, et qui trouvait très-mauvais que M. de Châteaubriand fît honneur au christianisme de l'institution d'une fête évidemment renouvelée des Grecs et des Romains.

« Que diable (disait-il) en agitant ses gros sourcils noirs) vient-on nous parler des Mages et de leurs présens, à propos d'un usage dont l'origine profane est si bien connue ? Qui est-ce qui ne sait pas que cette plaisanterie du *Roi de la Fève* nous vient des Romains, dont les enfans, pendant les Saturnales, tiraient au sort à qui serait Roi du Festin ? Cet emploi de la *fève*, pour interroger le sort, remonte aux Grecs, qui se servaient de fèves pour l'élection de leurs magistrats. Nous avons transporté au commencement de janvier une fête que les anciens célébraient vers la fin de décembre au solstice d'hiver, et que les Romains, s'il faut en croire Lucien, Strabon et Vossius, avaient empruntée des Perses. L'élection de ce roi de circonstance se faisait à table comme chez nous ; mais après avoir été traité pendant la courte durée de son règne avec tout le respect et tous les égards dus à son rang, le monarque éphémère était pendu pour terminer la fête. Il est pourtant bon d'ajouter qu'il était choisi dans la classe des esclaves, et plus souvent même parmi les criminels. »

Je sais fort bien (répondis-je à mon savant en *us*) qu'on peut tout désenchanter à force d'érudition ; mais je vous avouerai que la lecture du mémoire le mieux fait sur l'origine du *Roi de la Fève*, ne m'amusera jamais autant qu'une de ces fêtes de famille devenues beaucoup trop rares aujourd'hui.

— « Dans le monde où vous vivez (interrompit M. Fergus) ; car j'ai pour ma part à choisir entre trois maisons où je suis invité, ce soir, à tirer *le Gâteau des Rois*, et dans l'une desquelles je vous réponds que vous serez bien reçu, si vous voulez m'accompagner. »

Il me nomma M. Bruno, autre vieux camarade d'école, avec qui j'avais été en pension chez M. Doppi, rue Mazarine. Nous en étions sortis à la même époque, moi pour entrer au collége, et Bruno pour suivre la profession de son père, marchand de draps *au Mouton d'Or*, dans la rue des Marmouzets. Il y avait plus de vingt ans que nous ne nous étions vus, mais je m'étais toujours fourni chez lui, et je savais qu'il m'avait conservé quelque amitié; je ne balançai donc pas à prendre Fergus au mot.

Il était quatre heures lorsque nous nous rendîmes chez le doyen de l'ancien échevinage. Nous trouvâmes, au-dessus de la boutique, dans un petit salon, dont un marchand de nouveautés de la rue Vivienne serait honteux de faire aujourd'hui son antichambre, le bon vieillard assis auprès de la cheminée dans un vaste fauteuil en velours d'Utrecht, un petit enfant sur ses genoux, et deux autres assis par terre, qui montraient au grand papa les polichinelles, les magots chinois, les soldats d'étain, qu'ils avaient reçus pour étrennes au jour de l'an. Une jeune personne de seize à dix-sept ans aidait une vieille servante à mettre le couvert. M. Charles Bruno, le fils cadet, au coin d'une fenêtre, faisait à haute voix la lecture d'un journal, tandis qu'une vieille tante découpait des manchettes de papier de couleur pour mettre aux bougies. Le Nestor des marchands de la cité me reçut à bras ouverts, et me présenta de la manière la plus aimable à toute la famille, qui m'accueillit avec la même bonté. On peut croire que dans la conversation qui s'établit au coin du feu entre les trois vieux condisciples, M. Doppi ne fut point oublié, et que la phrase, *vous rappelez-vous?....* revint plus d'une fois dans un pareil entretien. Les autres convives arrivèrent à la file : le premier fut M. Boutard, gendre de M. Bruno, et l'un des plus fameux passementiers de la rue des Bourdonnais ; il amenait avec lui deux de ses enfans. M. Boutard est un fort galant homme, qui n'a d'autre défaut que de tirer un peu trop de vanité des soins qu'il donne à la fabrique de Sainte-Opportune, dont il est le plus ancien marguillier : vient ensuite l'abbé Daillot, neveu du patriarche, et vicaire de Saint-Magloire ; il fut suivi de M. Melchior Bruno, capitaine des vétérans de la caserne

Notre-Dame-des-Victoires, lequel donnait le bras à Mme Boutard et à sa fille, petite brune de la figure la plus piègle.

Le dîner était servi : on n'attendait pour se mettre à table que M. Daumont, ancien commis de M. Bruno, et l'ami le plus intime de la famille. Mlle Françoise Bruno, la tante, engagea son frère à se mettre à table, en vertu de cet axiôme gastronomique, *qu'attendre empêchait de manger, et que manger n'empêchait pas de venir;* son avis fut adopté; le fauteuil du grand-père fut placé au milieu de la table, le dos au feu : chacun debout auprès de sa chaise attendit pour s'asseoir que l'ancien de la famille eût prononcé le *benedicite* et se fût assis lui-même. Une petite table, pour les enfans, avait été dressée dans un des coins de l'appartement, la tante Bruno en avait la surveillance.

L'ami Daumont arriva comme on enlevait la soupe : il s'annonça par un gros rire dont j'observai qu'il faisait toujours précéder ses plaisanteries : « Je m'aperçois qu'on m'attend *comme l'abbé attend les moines*, dit-il en serrant la main à chaque convive l'un après l'autre, et sans m'oublier, moi qu'il ne connaissait pas : l'abbé répondit par un *tardè venientibus ossa*, qui produisit beaucoup d'effet.

La soupière enlevée, on apporta devant Mme Boutard, qui faisait les honneurs de la grande table, un gâteau des rois, qu'elle bénit en y traçant un signe de croix, et qu'elle découpa en dix-huit parts : on fit ensuite avancer la plus jeune des convives, ce qui donna lieu au vicaire de placer un *surgat junior* dont il parut se savoir bon gré. On couvrit le gâteau d'une serviette; on fit faire au plat deux ou trois tours, pour ôter toute idée de dol ou de faveur, et l'enfant distribua les portions. La première que l'on tira fut celle *des pauvres*, qui fut remise au vicaire avec les aumônes que chacun s'empressa d'y joindre; le grand-papa fut servi le second : en ma qualité de vieillard et d'étranger, j'eus la troisième part, où se trouvait la fève. Mon élection à la royauté du festin fut annoncée par une salve d'applaudissemens, auxquels succédèrent les cris répétés de *vive le Roi!* Je fus respectueusement invité par mes nouveaux sujets à faire choix d'une compagne qui partageât avec moi l'éclat du rang suprême; je jetai les yeux sur Mlle Rose Boutard, qui me parut bien moins sensible à l'honneur de venir occuper un trône, qu'au déplaisir de quitter sa place auprès du petit-cousin Bruno. Le dîner fut gai, même un peu bruyant, et les cris de *la Reine boit*, *le Roi boit*, se firent entendre pendant toute la durée du repas. La précaution qu'avait eue le savant Fergus d'apporter avec lui six bouteilles d'un excellent vin de Bordeaux (précaution que le capitaine des vétérans apprécia mieux que personne), acheva de mettre l'ami Daumont en belle humeur, et le vicaire ne perdit pas une si belle occasion de nous dire, en vidant son verre à la santé de son oncle : *Bonum vinum lætificat cor hominis.*

Au dessert on procéda, suivant l'usage, aux élections des grandes charges de la couronne, et tout le monde admira ma pénétration lorsqu'on me vit nommer M. Boutard ministre de mes finances ; Daumont, maître-d'hôtel ; le capitaine Melchior, généralissime de mes armées ; l'abbé Daillot, mon grand-aumônier, et Mlle Bruno, dame d'honneur de la Reine. Les nominations achevées, le grand-aumônier, le ministre des finances et le maître-d'hôtel entonnèrent un canon bachique, après lequel la Reine et son petit-cousin chantèrent, à ma barbe royale, un duo si passionné, qu'avec un prince moins débonnaire, les chanteurs auraient mal passé leur tems.

On prit le café au coin du feu; quelques voisins vinrent ensuite se joindre à la famille, et je pris l'occasion d'une table de *loto* que l'on dressait, pour fausser compagnie, bien résolu de revenir le dimanche suivant visiter mes heureux sujets, et achever mon paisible règne.

N° CVI. — 22 *janvier* 1814.

LES GENS EN BONNET DE NUIT.

— *Intus et in cute novi.*
PERSE, Sat. 3.
Je pénètre jusque dans leur intérieur.

LE *Diable Boiteux* offre un tableau de la société si piquant et si vrai, qu'on n'a jamais songé à reprocher à son auteur la bizarrerie du cadre dont il a fait choix. Cette prison d'Asmodée dans une bouteille; cette aventure si romanesque de don Cléophas qui se sauve chez le magicien; ce moyen d'enlever le toit des maisons de Madrid pour voir ce qui s'y passe, sont, à bien prendre, des inventions plus folles qu'ingénieuses; mais le voyageur arrivé dans un pays délicieux ne chicane point son guide sur le chemin qu'il lui a fait prendre. Après Le Sage, plusieurs auteurs ont eu recours au merveilleux pour accréditer des rêveries qu'ils ont données pour des observations; ils ont mérité le même reproche, et n'avaient malheureusement pas à faire valoir les mêmes excuses; j'en excepte pourtant Crébillon fils, dont *le Sopha* pouvait être plus *moral*, mais non plus spirituel et plus divertissant. Jusqu'ici je me suis tenu, pour le fond comme pour la forme de mes *Discours*, dans les limites les plus étroites du vrai ou du moins du vraisemblable; cependant il peut se présenter telle occasion qui ne me permette pas de mettre le public dans la confidence entière des circonstances qui m'ont rendu témoin des faits que je rapporte : c'est le cas où je me trouve aujourd'hui. Les scènes que j'ai à décrire se sont passées sous mes yeux; je les ai vues, ce qui s'appelle vues; mais comme je ne suis, après tout, comptable à mes lecteurs que de l'exactitude de mes observations, et non des particularités qui m'ont mis en mesure de les faire, ils voudront bien se contenter aujourd'hui d'une explication plus près de la vérité, quoique tout aussi incroyable que beaucoup d'autres.

Vers la fin de 1769, j'étais parti du Caire pour me rendre à Suez, et j'avais profité d'une caravane qui se composait, en grande partie, de la suite et des bagages d'un riche négociant turc, lequel se rendait en pèlerinage à la Mecque. C'était un vieillard de soixante-douze ans, d'une humeur douce, égale, et qui (fort différent en cela de ses compatriotes), joignait à beaucoup d'esprit naturel une instruction acquise par de longs et fréquens voyages. Il s'appelait Aly-Mongoul : pendant un séjour de vingt mois qu'il avait fait à Jédo, capitale du Japon, il s'était lié avec un Bonze, dont il avait reçu, disait-il, un présent inestimable. Dès le premier jour de notre voyage, il exigea que je partageasse sa table et sa tente, et ne cessa, pendant la route, de me donner les témoignages de la plus vive affection. A peine arrivé à Suez, il y fut atteint de la peste ; et quatre jours après, on désespéra de sa vie. La contagion ne m'effraya pas ; je lui donnai, jusqu'au dernier moment, des soins auxquels ce bon Musulman se montrait on ne peut plus sensible. « Mon ami, me dit-il le jour même de sa mort, je veux vous laisser un faible gage de ma reconnaissance ; j'ai envoyé chez vous quatre esclaves, deux bons chevaux arabes et trois chameaux chargés de tous les objets dont vous pouvez avoir besoin pendant le reste de votre voyage; maintenant je vous prie d'accepter, en mémoire de moi, cet instrument magique dont m'a fait présent le Bonze japonais. Cette lunette qu'il a composée lui-même par des procédés dont il a emporté le secret, a la propriété merveilleuse de faire pénétrer la vue à travers les corps opaques qu'on lui oppose, et de rapprocher en même-tems les objets et les sons de manière à permettre de voir et d'entendre ce qui se passe derrière la plus épaisse muraille. Je dois ajouter, pour votre instruction, que cet instrument n'a son effet que la nuit et pendant les deux mois où le soleil parcourt les signes du Capricorne et du Verseau, et qu'il existe telle circonstance dont le résultat immédiat est de ternir les verres et d'effacer tout-à-coup les objets. » A ces mots, proférés avec peine, Aly-Mongoul s'interrompit, me présenta la lorgnette, et mourut en me serrant la main. Plus occupé de son état que de ses discours, où je ne voyais que les progrès du mal auquel il était près de succomber, j'avais accepté son présent, sans y attacher d'autre prix que celui que devait y mettre mon amitié. J'étais, depuis long-tems, possesseur de ce singulier bijou, sans qu'il me fût venu dans l'idée d'en faire usage, lorsqu'un soir, à la campagne (en quittant une femme dont j'étais éperdument épris, et qui demeurait dans un pavillon à quelque distance de celui où j'étais logé), je m'avisai de braquer sur sa fenêtre la lunette du Bonze, qui me tomba sous la main : il me sembla d'abord que je distinguais clairement ce qui se passait dans l'intérieur de sa chambre; mais tout-à-coup je ne vis plus rien; j'en conclus que je m'étais fait illusion; je remis la lorgnette dans son étui, et quarante ans s'écoulèrent sans que je songeasse à l'en tirer. Il y a quelques jours qu'en fouillant dans un vieux secrétaire pour y chercher des papiers dont j'avais besoin, je retrouvai ce talisman, sur lequel mes yeux s'arrêtèrent avec attendrissement: tout en songeant à mon voyage de Suez, à ce bon Aly-Mongoul, de l'amitié duquel j'avais si peu joui, à ses discours au moment de notre éternelle séparation, j'avais tiré la lunette de son étui, et je la tournais dans mes doigts avec distraction, tout en fumant un cigare à la fenêtre, avant de me coucher, suivant mon invariable coutume. Sans trop songer à ce que je faisais, je portai la lorgnette à mon œil, et, à ma grande surprise, que je manifestai par un cri involontaire, je m'aperçus que je voyais dans l'intérieur de la maison qui fait face à la mienne. Je promenai l'instrument sur tous les points, et bien sûr, cette fois, de ne me point tromper, je résolus de mettre de l'ordre dans mes observations, et d'épier ce qui se passait à chaque étage.

Je commençai ma revue nocturne par la boutique du rez-de-chaussée dont le maître avait fermé la porte depuis une demi-heure : je vis le bon homme, avant de monter se coucher à l'entresol où sa femme l'attendait, visiter sous les comptoirs, la chandelle à la main, pour s'assurer qu'aucun filou ne s'y était glissé, tandis qu'une grosse servante assez fraîche dressait son lit de sangle au milieu de la boutique. M. Bardin (c'est le nom du marchand mercier), s'amusa ensuite à lutiner la *bonne*, qui ne lui répondait qu'en lui montrant du doigt le plancher. Je crus alors apercevoir quelques petites taches dans les verres de ma lunette ; mais elles se dissipèrent à la voix de Mme Bardin, qui ouvrit le *juda* en demandant à son mari, d'un ton un peu aigre, ce qui l'empêchait de monter? Je le suivis à l'entresol, après avoir remarqué que la servante, un moment après qu'il fut sorti, alla mettre un petit morceau de bois sous le loquet de la porte qui conduit au logement de ses maîtres, et fit passer quelque chose sous la fausse porte du magasin.

Je trouvai, à l'entresol, une querelle établie entre Mme Bardin, assise dans son lit sur son séant, et M. Bardin, qui ôtait sa perruque et la plaçait avec beaucoup de soin sur un champignon de porte-manteau : il était question d'un schall en faux cachemire que Mme la mercière avait cru pouvoir accepter, comme étrennes, de la part d'un ami de la maison, parrain de son dernier enfant : M. Bardin trouvait le cadeau trop *conséquent*, et tout en mettant son serre-tête et son bonnet de coton, il marmottait entre ses dents des reproches, auxquels sa femme répondit d'abord avec emportement, puis ensuite par des larmes. M. Bardin, effrayé de la scène qu'il avait osé faire, se hâta de demander pardon; il eut beaucoup de peine à l'obtenir, et j'ose d'autant moins répondre qu'il en soit venu à bout, qu'au plus fort des plaintes et des sanglots de la dame, ma lorgnette se troubla, et qu'il me fut impossible de savoir comment se terminait cette querelle conjugale.

Pour éclaircir mes verres, je les dirigeai sur le premier étage : il est occupé par un de ces hommes d'affaires qu'on appelle usuriers, parce qu'ils connaissent mieux que personne l'intérêt de l'argent qu'ils prêtent ; je voyais à l'extrémité d'une longue enfilade d'appartemens somptueux, dans une chambre plus richement qu'élégamment décorée, M. N***, assis devant un superbe secrétaire à cylindre, et s'occupant à coter, sur un registre, des effets qu'il tirait l'un après l'autre de son portefeuille. Après avoir regardé deux ou trois fois sa pendule, en paraissant hésiter sur ce qu'il avait à faire, il sonna : son valet-de-chambre, qui dormait dans la pièce à côté, ouvrit la porte ; il lui fit un signe que je crus entendre, et passa dans l'appartement de sa femme, où je l'accompagnai. Il est difficile de rien voir de plus joli que Mme N***, et d'imaginer quelque chose de plus délicieux que sa chambre à coucher où elle était occupée à écrire ; elle vit entrer son mari avec une émotion dont je ne pouvais encore deviner la cause, mais qui changea visiblement de caractère, lorsqu'après avoir échangé quelques mots affectueux, M. N*** se plaignit d'un violent mal de tête et se retira en baisant la main de sa femme. A peine était-il sorti, que deux femmes de chambre entrèrent ; tandis que l'une déshabillait sa jolie maîtresse, dont chaque mouvement trahissait je ne sais quelle impatience, l'autre déployait autour d'un lit charmant, élevé sous une voûte de glace, les voiles de cachemire et de mousseline dont il était orné, plaçait quelques livres sur le *somno*, et allumait une lampe de nuit dans une urne d'albâtre ; la jeune dame se coucha, ses femmes se retirèrent, et j'en allais faire autant, lorsque je la vis, un moment après, à travers l'espèce de brouillard dont ma lunette se couvrit, se relever doucement et mettre, avec précaution, le petit verrou à la porte de sa chambre ; ma curiosité redoubla lorsque je vis tourner sur elle-même une petite porte masquée par une draperie ; mais je ne pus en apprendre davantage; à mon grand regret, le brouillard s'épaissit, et le palais d'Armide disparut à mes yeux.

L'appartement au-dessus est occupé par un ancien notaire et sa femme : ils avaient eu *assemblée*, ce jour-là, en commémoration de la vingt-deuxième année de leur mariage. Le domestique éteignait les bougies des tables de jeu, et la servante *faisait la couverture*, tandis que Madame roulait au compas les cheveux de son mari et les renfermait sous une coiffe de toile de Hollande à chou, brodée en couleur. Le notaire, coiffé de nuit, après avoir réglé sur six heures le réveil de sa pendule, profita du moment où sa femme ajustait sur sa tête de quarante-cinq ans une baigneuse à dentelles pour faire les apprêts de la bassinoire, qu'il promena gravement dans son lit. Il se coucha le premier : sa femme rôda quelque tems dans la chambre, couvrit le feu, ferma les portes, plaça dans la cheminée un verre en guise de lampe de nuit, et alla prendre sa place auprès de son époux. Je crus m'apercevoir que la conversation qui s'établissait entr'eux commençait à brouiller ma vue ; je la dirigeai sur l'étage supérieur.

Une jeune femme, de la figure la plus douce et la plus intéressante, était assise au coin d'un feu, composé de deux tisons qui brûlaient lentement à six pouces de distance, et travaillait à la lueur d'une petite lampe à pompe : sa fille, âgée de douze ou quinze ans, ourlait des mouchoirs, en agitant du pied une barcelonnette où dormait son jeune frère. Au milieu de la chambre, je vis une table avec trois couverts, sur laquelle la jeune fille alla placer une salade de bœuf et un morceau de fromage. « Il doit être près de minuit, disait la jeune dame, et il ne vient pas ! il lui sera sans doute arrivé quelque chose. — Tu sais bien, maman, répondait la petite, que papa rentre quelquefois bien plus tard; mais.... entends-tu ? On frappe à la grande porte : c'est lui, j'en suis sûre. » En effet, un moment après, je vois entrer un homme d'une quarantaine d'années, d'une belle figure, qui jette brusquement son chapeau et son carrick sur une chaise, et répond avec humeur aux caresses de sa fille et de sa femme: celle-ci lui demande d'une voix timide s'il veut se mettre à table; il fait signe que non, et se déshabille sans proférer une parole. La pauvre femme, les yeux humides, propose à sa fille de souper; l'aimable enfant, pour toute réponse, allume une lampe, baise la main de son père, embrasse sa mère avec une expression de tendresse impossible à rendre, et va se coucher dans un cabinet voisin. Je n'eus pas de peine à deviner que cet homme était un joueur qui rapportait chez lui tout le mécontentement, toute la mauvaise humeur d'une soirée malheureuse. Sa douce compagne, après avoir prié Dieu au chevet de son lit, plaça le berceau de son enfant entre les deux lits jumeaux de l'alcôve, et se coucha, en s'adressant à son mari d'une voix si tendre, si consolante, que je ne fus point étonné un moment après de ne plus rien voir à travers les pleurs qui obscurcissaient mes yeux.

La nuit était froide: quelque plaisir que je trouvasse à continuer mes expériences de catoptrique, je sentis que j'avais besoin de regagner le coin de mon feu. En me retirant, je jetai un dernier regard du haut en bas de la maison que je venais d'examiner en détail ; mais je ne vis plus rien, un nuage épais l'enveloppait tout entière, à l'exception d'un petit coin lumineux où se trouvait la chambre d'un gros chanteur italien, qui fredonnait, en rêvant, l'air : *Ombre adorata*, de l'opéra de *Roméo et Juliette*.

N° CVII. — 29 *janvier* 1814.

LA CELLULE DE L'HERMITE.

Auream quisquis mediocritatem
Diligit, tutus caret obsoleti
Sordibus tecti, caret invidendâ
Sobrius aulâ.

HORACE, lib. 2, od. 7.

Celui qui connaît tout le prix d'une heureuse médiocrité, préfère une demeure simple et décente qu'habite le repos, à ces palais magnifiques qui fixent les regards de l'envie.

Il y a une chose dont on ne sent tous les avantages que dans l'arrière-saison de la vie : c'est la douceur des habitudes. Cette jouissance est tout-à-fait inconnue aux jeunes gens. Pilpay a beau leur dire *que le bonheur est uniforme ; qu'un ciel serein n'offre qu'un azur sans nuage*, ils ne conçoivent pas qu'on puisse faire le lendemain ce qu'on a fait la veille. J'ai été trop long-tems de leur avis pour ne pas apprécier leurs excuses. Je me rappelle cette année de ma jeunesse où je fis le premier essai de mon indépendance, en quittant la maison paternelle pour aller me loger en hôtel garni. Ce fut à l'hôtel des *Trois Mylords*, rue Traversière, que je fis élection de domicile : j'y avais loué, au prix d'un louis par mois, un appartement infiniment moins agréable que celui dont je pouvais disposer chez mon père ; mais j'y trouvais l'avantage d'une entière liberté ; je n'étais qu'à deux pas du Palais-Royal, de l'hôtel d'Angleterre, du café de la Régence ; j'étais servi dans ma chambre par un domestique de place, qui n'était point chargé de surveiller mes démarches ; je pouvais me lier avec d'aimables voisins, au nombre desquels se trouvait le fameux chevalier de la Morlière, de qui j'appris à faire des dettes, mais non à ne les pas payer. L'abus d'un plaisir finit toujours par en éteindre le goût : la vie errante, les longs voyages au milieu desquels s'écoula ma jeunesse, changèrent si complètement mes idées, qu'avant l'époque où l'âge en fait un besoin, je n'aspirais qu'au bonheur du repos et au calme de la retraite. Revenu au gîte, je ne songeai plus qu'à m'y établir d'une manière *confortable*. *

Le choix d'un logement n'est pas une chose indifférente. Le docte évêque d'Avranches paraissait y attacher un grand prix, à en juger par les détails dans lesquels il entre sur sa chambre à coucher; il eut toujours soin qu'elle fût exposée au nord; et voici les raisons qu'il donne de cette préférence paradoxale : « Tous les orages, dit-il, les grands vents, les grêles et les pluies violentes, viennent du midi; d'où il suit que les fenêtres tournées de ce côté sont fréquemment brisées par les tempêtes. Les chambres exposées au midi sont des fournaises pendant l'été; le soleil vous y aveugle ou vous y brûle tout le long du jour : les objets du dehors qui se présentent aux yeux n'y sont vus que du côté de l'ombre qui vous en dérobe tous les agrémens. Aucun de ces défauts ne se rencontre dans l'exposition nord : le calme y règne; la fraîcheur s'y trouve en été, et l'on s'y ga-

---

* Ne pourrait-on pas obtenir de Messieurs de l'Académie des lettres de naturalisation ou de naturalité, comme dit Urbain Domergue, pour cet adjectif, qui manque à la langue française ?

rantit de la bise et du froid de l'hiver, qui sont par-tout les mêmes, en se calfeutrant et en se munissant de châssis et de rideaux : les objets ne s'y montrent que du côté où ils sont éclairés et dorés des rayons du soleil. »

Ce raisonnement, qui n'en est pas moins juste, tout opposé qu'il est aux opinions reçues, m'a fait prendre mon parti sur l'exposition septentrionale de ma cellule, que j'avais d'abord regardée comme un grave inconvénient. J'ai voulu que tout y fût, avec moi, en rapport d'âge et de souvenir. Je me suis attaché de préférence aux meubles qui ont vieilli avec moi : la plus grande partie m'est venue par succession, et les plus modernes remontent à la jeunesse de Louis XV. Mon mobilier ressemble à celui dont Molière nous donne, dans *l'Avare*, de si plaisans détails; on voit dans ma chambre à coucher *le lit en point d'Hongrie vert d'olive ou à-peu-près; les six chaises, la courte-pointe doublée d'un petit taffetas changeant rouge et bleu;* il me manque *le pavillon à queue, en serge d'Aumale, avec le molet et les franges de soie; la tapisserie des amours de Gombaut et de Marie;* mais j'ai *la table en bois de noyer, en colonnes, à*

pieds chantournés, qui se tire par les deux bouts.
C'est de mon oncle le Prieur que me viennent les pièces les plus antiques de mon ameublement, et entr'autres un grand fauteuil de maroquin noir à oreillettes, où mon grand-père a traduit et commenté les *Institutions militaires de Végèce;* où mon oncle le Prieur rédigeait ses almanachs en faisant sa sieste, et où j'ai l'habitude de lire quelque ode ou quelque épître de mon Horace avant de me coucher.

Par une clause expresse de son testament, le prieur d'Armentières m'a légué sa bibliothèque et ses portraits de famille, les deux choses qu'il aimait le mieux au monde, et dont il m'a recommandé la conservation avec une affection toute paternelle. J'ai rempli de mon mieux ses dernières volontés : les dix-sept portraits dont il m'a fait légataire, et dont j'ai respecté jusques aux cadres enfumés qui les renferment, sont rangés autour de ma chambre, dans l'ordre où ils étaient placés dans la sienne. C'est la faute du tems qui ne ménage pas plus les portraits que les modèles, si le beau teint de ma grand'tante, la présidente de Saint-Valier, (surnommée par ses contemporains *le Lis de*

Bretagne) est aujourd'hui du même ton de couleur que celui de son père, le capitaine de vaisseau, dont la figure basanée aurait fait tache dans une compagnie de mulâtres.

A la suite de ces deux portraits, se trouve celui d'un frère de la présidente, mort évêque de Saint-Papoul, lequel évêque avait trouvé le moyen de ne faire le voyage de son diocèse que trois fois dans sa vie ; ce qui n'a pas empêché qu'il n'ait eu les honneurs d'une oraison funèbre, prononcée par son grand-vicaire, qui ne l'avait jamais vu. L'évêque a pour pendant, son frère, l'avocat-général de la cour des aides de Dijon, magistrat intègre, plus fidèle à l'audience que l'évêque ne l'était à l'église, et qui, pendant quarante ans d'exercice, n'a pas laissé passer la moindre affaire sans donner ses conclusions. En mourant, il avait témoigné le désir que je fisse imprimer le recueil de ses réquisitoires ; c'est bien la faute des libraires, si je n'ai pas donné cette petite satisfaction à la mémoire de ce bon parent ; aucun n'a voulu s'en charger, sous prétexte que ce genre d'ouvrage n'était pas d'un intérêt assez vif.

Ma mère et mon père occupent le panneau

principal ; ces deux portraits sont de Boucher, et de son meilleur tems ; mon père est représenté en *berger arcadien*, et ma mère en *amazone*. Le choix du costume n'est pas ici, comme on pourrait le croire, une fantaisie du peintre ; il tient à une anecdote de famille que je ne raconterai pas, de peur de voir, avant un mois, mon père et ma mère figurer dans quelque mélodrame. J'ai été forcé, par la disposition du local, de placer ma sœur, la religieuse, en regard de mon cousin le mousquetaire, le plus mauvais sujet de notre famille : après avoir commencé sa ruine avec les femmes, il l'avait achevée au jeu, et s'en consolait en songeant qu'il lui restait encore une trentaine d'années qu'il pouvait employer à boire. Mon cousin méprisait souverainement les hommes adonnés à plusieurs vices, et se glorifiait de n'en avoir jamais eu qu'un à-la-fois. Si j'ajoute à cette collection de portraits quelques vieilles figures portant casque ou rabat, et qui sont reconnues, par tradition, pour être de la famille, quelques copies de grands maîtres flamands que j'ai achetées pour des originaux (à une époque où j'avais la prétention d'être un connaisseur) et des vues de différens pays, que j'ai dessinées moi-même pendant mes voyages, on aura une idée de ma galerie.

Ma bibliothèque est composée d'élémens non moins hétérogènes : les douze cents volumes des martyrologes, des lithurgies, des écrivains jansénistes que m'avait légués le bon prieur, n'avaient guère plus de prix à mes yeux que les livres du licencié Sedillo pour Gilblas. J'avais grande envie de les vendre ; mais j'étais retenu par la promesse que j'avais faite au testateur : heureusement la lecture d'un chapitre de Pontas, sur les *cas de conscience*, me fournit l'idée d'une distinction qui mit d'accord mon goût et ma conscience : je conservai la *bibliothèque* comme je l'avais promis, et je vendis les livres. Les *Van Eupen*, le *Dom Calmet*, les *Sanchez*, firent place à Racine, à Molière, à Corneille et à Boileau ; de tous les écrivains de Port-Royal, je ne gardai que Pascal et Nicolle ; peu s'en fallut même que je ne me défisse de ce dernier. Mon libraire consentit à me troquer, moyennant l'à-point, comme on peut croire, Rabelais, La Bruyère et Le Sage, contre Desfosses, Fontaine et Jansénius ; et je finis par

me composer, aux dépens des Pères de l'E-
glise, des controversistes et des hérésiarques,
une bibliothèque dont je ne pense pas qu'il y
ait maintenant un volume à retrancher.

Les bronzes dorés, le marbre, l'acajou, ne
brillent pas dans ma simple demeure : les ornemens de ma cheminée se bornent à une pendule en bois d'ébène incrusté de dessins à fleur
en cuivre. Cette pendule, qui a sonné toutes
les heures de la vie de mon père, aura bientôt
sonné toutes les miennes : dans le silence de la
nuit, je prête souvent l'oreille aux mouvemens
du balancier, et je crois entendre les pas me-
surés du tems qui fait sa ronde en marmotant
sans cesse : *fugit hora, carpe diem*. Aux deux
côtés de la pendule figurent les quatre Saisons
en biscuit de Sèvres, et deux Magots en por-
celaine du Japon, dont M. Dupleix avait fait
présent à l'abbé Delaville, premier commis des
affaires étrangères, et que mon oncle acheta à la
vente de ce célèbre diplomate. Un vaste bureau
en bois de chêne, que surmonte un casier dont
je me suis fait, pour ainsi dire, une mémoire
artificielle ; les bustes de mes grands hommes
favoris, Voltaire, Horace, Molière, Bacon, La

Fontaine, Addison et Montesquieu, rangés sur la corniche de ma bibliothèque; un bon tapis de Bergame, une chaise longue en brocard gros bleu, une lampe en cuivre, à trois becs, portée sur un pied de fer poli; des tasses en figuier de l'Inde, et un paravent en papier de la Chine, forment le complément de mon gothique mobilier.

Mon domestique n'est pas nombreux; il se compose d'un vieux serviteur que j'ai depuis quarante ans, et d'une femme de ménage qu'il garde, réforme ou change selon qu'il le juge convenable. Mme Choquet n'est à mes gages que depuis dix ans; c'est une honnête couturière d'une cinquantaine d'années, dont le mari est caporal de vétérans et maître en fait d'armes, dans la rue des Marais, près le Wauxhall : elle vient chez moi tous les matins à huit heures, et n'y reste que jusqu'à midi.

C'est un trésor pour un homme comme moi qu'une femme comme elle : le mérite de Mme Choquet ne se borne pas aux petits détails d'une maison, qu'elle entend à merveille; elle excelle à faire le café; de plus elle me tient au courant de toutes les nouvelles du quartier, depuis la rue du Mont-Blanc jusqu'à la rue Saint-Lazare ; sa qualité de couturière et de *blanchisseuse de fin* la met en relation directe avec tout ce que la Chaussée-d'Antin a de mieux en femmes de charge et en femmes de chambre. Tout en m'assurant qu'elle ne se mêle jamais des affaires d'autrui, elle a soin de me raconter chaque matin, en me servant ma tasse de café à la crême, tous les propos d'antichambre qu'elle a recueillis la veille, et qu'elle commente avec un instinct de malignité dont il n'y a pas de journaliste qui ne se fît honneur. Je l'écoute en homme qui ne perd pas son tems à l'entendre, et souvent quatre heures de l'après-midi la trouveraient encore son plumeau à la main, jasant debout devant mon fauteuil, si maître Paul ne venait pas arrêter son intarissable babil.

Ce Paul est un original d'une autre espèce, un vrai Sancho parisien : il a son franc parler avec moi ; et c'est tout au plus s'il me laisse la même liberté ; il a partagé ma bonne et ma mauvaise fortune ; nous avons vieilli ensemble, et le bonhomme s'est tellement identifié avec moi, qu'il ne parle jamais que de *nous*, et qu'il raconte comme *siennes* toutes les aventures qui me sont arrivées. Paul est l'oracle politique des antichambres de la Chaussée-d'Antin: les voyages qu'il a faits l'ont mis en réputation dans toutes les loges de suisse et de portier; et bien qu'il confonde quelquefois le détroit de Gibraltar et celui de Magellan, le Cap de Bonne-Espérance et le Cap-Français, la Baltique et le Zuyderzée, il n'en passe pas moins pour le plus grand géographe et le plus grand voyageur qui ait jamais monté derrière une voiture. De toutes ses connaissances, celle dont il est le plus fier, et qu'il applique plus particulièrement à mon service, c'est la connaissance du tems et des variations atmosphériques qu'il calcule au moyen d'un baromètre et d'un thermomètre dont sa chambre est ornée, et d'après lequel il décide despotiquement l'habit que je dois mettre et la chaussure que je dois porter. Il me tient, à plusieurs égards, sous sa dépendance, et se fâche très-sérieusement pour peu que je contrarie ses dispositions.

J'ai beaucoup réfléchi sur l'habitude que l'on contracte en vieillissant, de se laisser mener par les gens qui nous servent; cette faiblesse tient à-la-fois de la reconnaissance que l'on croit devoir à l'intérêt qu'on nous témoigne, aux soins qu'on nous donne, et à la paresse, qui nous fait un travail de l'exercice même de notre volonté. C'est une action, pour un vieillard, que de *vouloir*; avec un peu de résistance, on en fait une fatigue, et on finit par lui faire désirer de pouvoir se reposer sur quelqu'un d'une volonté dont il croit toujours se réserver le privilége.

N° CVIII. — 3 *février* 1814.

LES CAQUETS.

*Vivendum recte est cum propter plurima tunc his
Præcipue causis, ut linguas mancipiorum
Contemnas : nam lingua mali perpessima servi.*
JUVEN., sat. 9.

Vivons d'une manière irréprochable, ne fût-ce que pour être en droit de mépriser les propos des domestiques : car ces gens là n'ont rien de pire que la langue.

Madame Choquet, ma femme de ménage (dont j'ai fait mention en décrivant ma cellule), n'a pas encore cinquante-quatre ans ; elle est bien conservée pour son âge, et à l'exception de sa vue qui commence à baisser, elle jouit de toutes ses facultés physiques et morales. Celle dont elle fait le plus de cas et le plus d'usage, c'est la parole : d'heureuses dispositions, secondées pour un long exercice, l'ont conduite à trouver le moyen de parler beaucoup, vite et long-tems, sans se fatiguer, et qui plus est, sans trop fatiguer les autres.

Fille d'un ancien cocher du duc de Villeroy, elle est née dans l'hôtel en 1760; à quinze ans elle fut admise au nombre des femmes de la duchesse, qui la maria quelques années après à M. Choquet, fils de son suisse, lequel servait alors au régiment des Gardes-Françaises, dans la compagnie Saint-Blaucard, dont il était le plus beau caporal. M. Choquet, à la révolution, passa dans la ligne avec le grade d'adjudant-sous-officier, et sans une blessure qu'il reçut à la bataille de Jemmapes, et qui l'obligea de prendre sa retraite, il n'en serait pas réduit à donner des leçons de pointe et d'espadon à 15 sous par cachet. Mme Choquet n'a pas été plus heureuse, et après avoir perdu sa maîtresse, ne pouvant se résoudre à déroger dans ses fonctions de femme de chambre, elle a pris une place de portière qu'elle a occupée pendant cinq ans; mais comme l'ambition, dans tous les états, vient avec l'âge, du produit de ses économies, qui ne se montaient pas à moins de douze cents livres, elle a cru devoir lever un établissement de couturière. Le ciel a béni son entreprise, et Mme Choquet se trouve aujourd'hui maîtresse et propriétaire du plus bel atelier de couture qu'il y ait de la rue Saint-Lazarre à la Petite-Pologne.

Telle est en peu de mots l'histoire de ma femme de ménage; il faudrait que j'eusse la mémoire bien malheureuse pour ne l'avoir pas retenue depuis dix ans qu'elle me la raconte. Au demeurant, cette petite notice est une introduction nécessaire aux caquets dont me régale chaque matin ce modèle accompli des commères parisiennes; j'en veux mettre un échantillon sous les yeux de mes lecteurs : ils n'y trouveront ni beaucoup de suite, ni beaucoup de raison, ni beaucoup d'indulgence pour le prochain; mais l'habitude de lire les journaux a dû les familiariser avec ce verbiage à la mode.

Mme Choquet entre chez moi tous les matins à neuf heures, et commence ses fonctions par me servir à déjeûner; c'est pendant ce repas, et tout en mettant de l'ordre dans ma chambre, qu'elle débite avec la plus incroyable volubilité de langue, ses monologues, qui mettraient en défaut les plus habiles tachigraphes.

En l'écoutant, lundi dernier, j'ai pris des notes pour aider ma mémoire. C'est Mme Choquet qui parle :

« Monsieur ne trouvera peut-être pas sa crème aussi bonne qu'à l'ordinaire? Dame, ce n'est pas ma faute : Claire n'est pas venue aujourd'hui, et pour bonne raison, elle est accouchée ; la pauvre femme, voilà son septième ; c'est le cadeau que son mari lui a fait, il y a neuf mois, quand il est parti comme remplaçant ; mais à quelque chose malheur est bon ; car Mme Dumont, la femme du notaire, lui donne son enfant à nourrir. Vous me demanderez pourquoi une femme aussi riche ne fait pas nourrir son enfant chez elle ; c'était bien son intention, mais n'est-on pas venu mettre martel en tête au mari, parce que le colonel Dorfeuil, cousin de Madame, qui a eu le bras cassé en Allemagne, l'année dernière, est venu se faire guérir chez eux ; si bien que M. Dumont a voulu que la petite, qu'il n'aime pas, fût mise en nourrice. Peut-être bien qu'il n'a pas tout le tort ; mais aussi, me direz-vous, le monde est si méchant !

» C'est ce que je répétais l'autre jour à la

portière, qui me contait tout cela. — Ma chère Mme Barbotin, si vous m'en croyez, gardez votre porte, et ne vous mêlez pas de ce qui se fait chez les locataires; mais cette brave femme, c'est plus fort qu'elle, il faut qu'elle jase : Dieu sait si l'occasion lui manque dans la maison où elle est; c'est si grand! quinze ménages, 900 fr. de sous pour livre, sans compter les étrennes...; il y a bien peu de portes comme celle-là dans Paris. Fasse le ciel que Mme Barbotin profite mieux de mes conseils que Mme Badureau, la portière de M. Beaubois!

» Cette femme était, à vrai dire, la Gazette du quartier ; il ne se faisait rien dans sa maison qu'elle n'en rendît compte aux voisins. Sans elle, aurait-t-on jamais su que M. Beaubois n'avait eu sa place que par l'entremise de sa femme ? On croyait celle-ci d'une bonne famille, et voilà qu'on nous apprend qu'elle avait été danseuse en Allemagne, où elle avait ruiné je ne sais combien de barons : il faut en ruiner beaucoup pour faire fortune ; elle a fait la sienne, et M. Beaubois, qui avait besoin d'un cautionnement pour obtenir la place qu'il sollicitait, l'a épousée sans autre examen que celui de sa cassette. Belle nouvelle! ne dirait-on pas que cela ne s'est jamais vu? La portière a su l'aventure par un frère de Madame, un beau garçon, qui est tombé chez elle un matin, et qu'on a renvoyé bien vîte, comme vous pouvez croire, en lui procurant un emploi de douanier à l'autre bout du monde, et en payant ses frais de voyage. Les uns disent que c'est bien vraiment le frère de Madame; les autres assurent qu'il ne l'est pas plus que vous et moi : cela ne me regarde pas; et puis, comme dit le proverbe, chacun pour soi et Dieu pour tous.

» Tant y a que cette bavarde de portière a été renvoyée pour avoir fait de mauvais rapports; qu'elle n'a pu se replacer depuis, et qu'elle est maintenant à la charge de sa fille Mariette, qui est bonne d'enfans chez un sénateur. La petite est jolie! je l'ai eue deux ans chez moi en apprentissage : elle a dû épouser l'année dernière un facteur au charbon sur le port Saint-Nicolas; excellent commerce où personne ne connaît rien! Ce garçon se faisait au moins cent louis par an : le mariage a manqué; à qui la faute? à la mère Badureau : elle a permis à sa fille d'aller le dimanche à la *Chaumière*, seule avec son prétendu. Une jeunesse de dix-huit ans, ça n'a pas d'expérience; ça ne sait pas la différence qu'il y a entre la veille et le jour des noces : ce n'est pas que je veuille dire...... A Dieu ne plaise.... Mais ce qu'il y a de sûr, c'est que de mon tems les filles se mariaient, et qu'elles n'allaient pas à *Paphos*, à *Tivoli*, à la *Chaumière*. Les bals champêtres ont tout perdu...

» Il est bien vrai que les bals de ville ne valent guère mieux; témoin vingt belles Demoiselles que je pourrais vous citer, qui n'en manquent pas un, et qui ne s'en marient pas plus pour cela : sans nommer personne, voyez ce qui est arrivé à la fille de votre voisin; elle sera riche un jour, elle est encore jolie; il y a dix ans qu'on la cite pour la première danseuse de Paris; elle a dansé avec tous les jeunes gens de la capitale : combien s'en est-il présenté pour l'épouser? Pas un seul; et pourquoi? parce qu'on se défie des Demoiselles qui dansent trop bien; parce qu'il en coûte plus cher pour mener sa femme au bal cinq ou six fois dans l'année, que pour nourrir deux enfans; parce que l'amour de la danse ne s'accorde pas avec les soins du ménage ; sans compter beaucoup d'autres raisons que Monsieur devine. »

Mme Choquet fit une pose en cet endroit, et comme elle apperçut que j'allais en profiter pour placer un mot : « Pardon, si je vous interromps, continua-t-elle, mais il faut que Monsieur me permette de le quitter aujourd'hui un peu plus tôt qu'à l'ordinaire; je n'ai pas un moment à perdre, je suis de noce, pour que vous le sachiez... Oui, vraiment, de noce ! Il n'est pas que Monsieur n'ait remarqué une jeune fille qui m'accompagne quelquefois: c'est la petite Henriette, la fille du maître boucher, à quelques portes de chez nous; un des plus riches de Paris; il aurait pu, comme tant d'autres qui n'ont pas sa fortune, mettre sa fille dans une belle pension, lui donner des maîtres, en un mot en faire une demoiselle; mais le père Courtois a du bon sens; il a fait apprendre à sa fille à lire, à écrire, et l'a placée chez moi pour la couture: depuis deux ans qu'elle en est sortie elle est à la tête de la maison de son père, et tient les livres comme un premier commis. Avec ses vingt ans, sa jolie mine et ses écus, Henriette n'a pas manqué de soupirans, comme vous pouvez croire : elle a refusé, c'est-à-dire, que son père a refusé pour elle, un clerc de notaire, un commis des douanes, un entrepreneur de l'éclairage, et un épicier de la rue de la Verrerie qui comptait sur la dot pour relever son commerce. M. Courtois a jeté son dévolu sur le fils d'un bon marchand de bœufs de Poissy. La noce faite, le bonhomme laisse la boutique à ses enfans et va se retirer dans sa ferme du pays d'Auge, où, pour faire un métier contraire, il s'occupera du soin d'engraisser des bœufs.

» C'est aujourd'hui les fiançailles ; je n'ai garde d'y manquer, c'est moi qui ai fait le trousseau. Il faut voir cela : tout par douzaine, du bon, du beau ; le papa n'a rien épargné. Le jeune homme est un grand garçon de bonne mine ; il a fait deux campagnes, ce qui ne l'a pas empêché de mettre à sa place un homme qu'il a payé deux mille écus.

» Je vous quitte pour aller habiller la mariée ; je m'y entends un peu, on n'a pas été femme de chambre pour rien. On parlera du repas de noce je vous en réponds : cent couverts, au *Feu Eternel*, sur le boulevart du Jardin de

Plantes. Je connais bien des gens dans le quartier que ce mariage ne fera pas rire. Il suffit qu'on fasse bien ses affaires pour avoir des ennemis et des envieux. On a déjà fait courir des couplets, je les ai dans ma poche : on y dit que le bonhomme Courtois doit se connaître en *réjouissance*, qu'il y a long-tems qu'il en fournit à ses pratiques, et mille autres pauvretés semblables : ce qui n'empêche pas que ce ne soit un brave homme, très-serviable, et qui n'a d'autre tort que de mal placer ses bienfaits. J'en sais quelque chose, moi, dont il vient d'augmenter le loyer en même tems qu'il empêche de vendre les meubles d'un vieux musicien qui demeure au-dessus de moi, dans sa maison, et qui lui doit cinq ou six termes. D'où vient cette préférence ? Parce que j'ai quelque chose, et que l'autre n'a rien. Mais pourquoi n'a-t-il rien ? Parce qu'au lieu de faire ses écoliers il passe la journée au café, à jouer au domino, depuis la mort de sa femme ; car on a bien raison de dire qu'une femme est le trésor d'une maison.... »
La langue de Mme Choquet est semblable à la roue d'un char qui s'enflamme par la rapidité de son mouvement; plus elle parlait, plus elle

s'échauffait, moins il était possible de prévoir où s'arrêterait ce torrent de paroles : mais heureusement pour moi, pour elle et pour la fiancée qui l'attendait, mon domestique vint comme à l'ordinaire l'interrompre brusquement au milieu de sa phrase : il sait aussi bien que moi, à quoi l'on s'expose en lui permettant de l'achever.

Mme Choquet, après m'avoir adressé la question finale : *N'y a-t-il plus rien pour le service de Monsieur ?* se retira, en me faisant une révérence très-gracieuse, et me laissa bien convaincu, que si, comme l'a dit un sage, la langue d'une femme est son épée, elle pouvait ainsi que son mari, donner des leçons d'escrime.

N° CIX. — 3 *février* 1813.

L'A MORGUE.

— Mihi frigidus horror
Membra quatit, gelidusque coit formidine sanguis.
VIRG., *Eneid.*, lib. 3.

Je fus saisi d'horreur, et mon sang se glaça
dans mes veines.

Il est des noms qui rappellent à l'esprit des objets sur lesquels il répugne à s'arrêter; les impressions que ces noms produisent naissent de souvenirs ou d'imagination : celle-ci va toujours au-delà de la réalité; de même qu'elle embellit de tous ses charmes les images riantes dont elle s'empare, elle exagère, en les reproduisant avec une effrayante énergie, les tableaux hideux qu'elle se retrace.

L'impression du souvenir, plus conforme à la nature et à la vérité, ramène les objets à leur véritable proportion, et les replace, sinon au même point de vue, du moins dans les mêmes rapports où ils se sont d'abord offerts à nos yeux.

De tous les établissemens publics de cette capitale, la *Morgue* est celui dont la destination présente l'idée la plus pénible et la plus repoussante; le nom même en est inconnu à la plupart des habitans de Paris, et dans le petit nombre de ceux qui connaissent l'emplacement et le but de cette triste enceinte, sans doute il en est bien peu qui aient eu la force d'en approcher. La destruction s'y présente sous les formes les plus hideuses : ce n'est point le calme mélancolique des tombeaux, le spectacle pieux et lugubre d'une cérémonie funéraire, l'aspect imposant et terrible d'un champ de bataille; ce sont les images nues et sanglantes du suicide, du meurtre, de l'assassinat ou du désespoir, c'est la mort dans toute son horreur.

Je me rappelle encore la première impression que me fit éprouver la vue de ce lieu de misère : je sortais du collége; la foule se portait sous les voûtes de l'ancien Châtelet; là curiosité m'y poussa comme les autres. Au fond de cette tour gothique (dernier débris subsistant d'un palais que l'on croit avoir été bâti par César), se trouvait à gauche un long soupirail qui laissait tomber quelques rayons de lumière dans un souterrain attenant à la basse-geole. A travers les barreaux du soupirail où je parvins à passer ma tête, je vis avec effroi le corps d'une jeune fille, dont l'extrême blancheur se détachait, comme un jet de lumière, au milieu des ombres épaisses qui l'environnaient. La mort violente qui avait terminé les jours de cette infortunée, avait à peine altéré ses traits : elle s'était précipitée dans la Seine, et malgré la promptitude des secours qui lui avaient été administrés, on n'avait pu la rendre à la vie ; ses vêtemens, étalés sur la muraille, annonçaient qu'elle n'appartenait pas à la classe commune : on sut depuis qu'un violent chagrin, suite d'une indigne séduction, l'avait portée à cet acte de désespoir.

J'étais comme attaché à cette grille fatale : une sueur froide me coulait du front ; je me sentais près de défaillir. Je fus tiré de ce cruel état par les cris d'une femme qui, poussée vers cet endroit par suite des recherches qu'elle faisait depuis deux jours, venait d'y rencontrer sa fille. Je m'éloignai de ce lieu funeste pendant qu'on y prodiguait à cette déplorable mère de vaines consolations : cette scène douloureuse est restée présente à mon esprit dans ses moindres détails.

Cette institution, fondée par une police sage et surveillante, réclamait un local qui éloignât, ou du moins diminuât l'horreur dont on était saisi à la vue de cette espèce de cachot où des parens malheureux venaient, à la faible lueur d'un rayon de soleil, se pencher sur un cadavre pour en reconnaître les traits défigurés.

Dans le cours du dernier siècle, plusieurs ordonnances ont été rendues relativement *aux individus trouvés morts dans les rues, lieux publics, filets des ponts, vanes de moulins, et sous les bateaux des rivières* ; les ordonnances de 1712, de 1736 et 1742 déterminèrent les soins à prendre, les déclarations à faire et les peines encourues par les contrevenans ; mais aucune ne fit droit aux réclamations qui avaient eu pour objet l'indécence et l'incommodité du local.

Cette amélioration était réservée à une époque où cette capitale, embellie de tant d'édifices superbes, s'enrichit encore des monumens les plus utiles.

La Morgue a été transférée, il y a quelques années, dans un bâtiment construit exprès sur la place du Marché-Neuf. Cet édifice, isolé, sur le bord de la rivière, à l'extrémité du pont Saint-Michel, est d'une forme analogue à sa destination. Son toît a la coupe d'un tombeau antique, son architecture est sévère, et sa distribution simple et commode. L'entrée offre un porche spacieux, lequel sépare deux salles, dont l'une est destinée à l'examen anatomique, et l'autre à l'exposition des corps que l'on y transporte : la première de ces salles est interdite au public, et des vitraux dépolis en dérobent la vue ; l'autre est fermée par une cloison de glaces qui laisse voir dans l'intérieur : de grandes croisées hors d'aspect et toujours ouvertes, y renouvellent l'air, en l'éclairant dans toute son étendue. Là sont placées, sur un plan oblique et parallèle à la cloison, des dales de marbre noir, sur lesquelles sont exposés les morts, dont les vêtemens tapissent la muraille.

La partie la plus reculée du bâtiment sert de logement au concierge chargé de cette triste surveillance.

Le hasard m'ayant conduit, il y a quelques jours, dans la Cité, cet édifice, de structure moderne, attira mes regards; un ami, qui m'accompagnait, m'apprit que c'était *la Morgue;* je l'engageai vainement à m'accompagner; il s'en défendit de manière à me convaincre que son refus avait un autre motif qu'une répugnance, d'ailleurs assez naturelle; j'y entrai seul : nous nous rejoignîmes sur le beau quai de l'Archevêché, où, tout en nous promenant il me raconta l'aventure suivante. Quelques jeunes gens pourront y puiser une leçon d'autant plus utile qu'il s'agit d'un fait assez récent, et malheureusement trop véritable.

« Raymond de Lavagnac était fils d'un ancien lieutenant-colonel; son père, après trente années de service, s'était retiré dans une terre qu'il possédait, à peu de distance de Beziers, et s'y livrait à l'éducation de son fils unique. Pour terminer des études dont il n'avait pu lui donner que les premiers élémens, il le conduisit à Montpellier, et le mit sous la surveillance d'un des professeurs les plus distingués de l'école centrale. Le jeune Raymond s'y fit remarquer par son esprit et ses progrès.

» Après avoir remporté successivement les premiers prix dans toutes ses classes, il obtint de son père la permission de venir à Paris, pour y suivre les cours du collége de France ; il eut pour compagnons de voyage quelques amis de son âge, appelés à l'Ecole Polytechnique. Ces jeunes gens formèrent, dans un quartier retiré de la capitale, une de ces associations d'étudians, moins communes aujourd'hui qu'elles ne l'étaient à une époque antérieure à l'institution des Lycées et à l'organisation actuelle de l'Ecole Polytechnique.

» Pendant les deux premières années de son séjour à Paris, Raymond fit de l'étude des sciences et des lettres son unique occupation : la Comédie-Française était le seul délassement qu'il se permit. Son père lui faisait alors une pension de cent louis, à laquelle sa mère, au bout de l'année, en ajoutait vingt-cinq, à titre d'étrennes, dont il laissait la plus grande partie dans les boutiques des bouquinistes du marché des Jacobins et de la rue Saint-Jacques.

» Le terme de ses études fut l'origine de ses malheurs. Raymond vit, avec regret, s'éloigner de lui ses compagnons d'études; l'un partit pour l'école de Metz; un autre alla prendre possession d'une chaire de professeur dans un département; un troisième fut désigné pour l'école des Mines; le dernier enfin (c'était moi) eut un emploi près d'un ingénieur des ponts et chaussées, qui l'obligeait à de fréquentes absences.

» Dans l'isolement où il se trouvait, Raymond, pour se distraire, crut devoir quitter son modeste logement du pays latin pour en prendre un dans le voisinage du Palais-Royal. Ce quartier, plus somptueux, nécessite plus de dépenses; son père, en portant sa pension à six mille francs, lui procura les moyens de changer sa manière de vivre, et l'écolier laborieux devint un jeune homme à la mode.

» Il avait l'esprit cultivé, l'air distingué, l'extérieur aimable; il ne lui manquait, pour obtenir des succès dans le monde, que de vaincre une timidité excessive qui le privait d'une partie de ses avantages, et qui causa sa ruine. La société très-équivoque dans laquelle il se trouva lancé (faute d'assurance pour se présenter dans la meilleure) lui fit un besoin de son goût pour les spectacles. Une funeste méfiance de ses moyens de plaire ne lui permit d'en faire l'essai qu'auprès de ces femmes plus aimables que sévères, qui semblent, par état, promettre des conquêtes plus faciles; soit hasard, soit maladresse, il se prit de la passion la plus extravagante pour une jeune actrice d'un de nos théâtres secondaires : je tairai son nom, en la désignant par celui de Caroline, dans la crainte d'augmenter ses regrets ou de réveiller ses remords.

» Je ne m'aperçus du mal que lorsqu'il n'était plus au pouvoir de l'amitié d'y apporter remède : Raymond n'était point d'un caractère à ramener par le raisonnement, et je n'aurais pu lui faire des reproches aussi vifs que ceux qu'il s'adressait à lui-même. Pressé par le besoin de confier ses chagrins et par l'inquiétude que je témoignais du changement physique qui s'opérait en lui, il laissa échapper son secret; il me parla de son amour de manière à m'en faire craindre les funestes conséquences;

et m'ôta, dès le premier mot, l'envie d'attaquer, par le ridicule, un désordre du cœur qui s'annonçait avec toute la force, avec toute la véhémence d'un sentiment. J'aurais été sans inquiétude, s'il ne m'eût entretenu que de sa passion pour Caroline ; mais il me parla de son respect, de son estime ; il laissa échapper, en rougissant, le mot de mariage, et je vis que tout était perdu.

» Mon jeune ami, quelqu'ascendant qu'une femme artificieuse eût pris sur sa raison, n'en voyait pas avec moins d'effroi le piége où elle voulait l'entraîner ; il aimait tendrement son père et sa mère ; il n'espérait pas les faire jamais consentir à un pareil mariage ; et, lui-même, était élevé dans des principes d'honneur qui ne lui permettaient pas de franchir la barrière que les préjugés de la société mettaient entre lui et sa maîtresse. Cependant elle avait mis à ce prix la continuation d'un bonheur dont le terme était pour lui celui de l'existence.

» Six mois s'écoulèrent dans cette lutte pénible de l'amour et de l'honneur ; Caroline, fatiguée du rôle qu'elle jouait, voulut tenter une dernière épreuve, et feignit d'agréer les soins d'un rival qui souscrivait aux conditions auxquelles Raymond refusait de se soumettre.

» Jusques-là, j'avais soutenu son courage ; il s'abandonna dès-lors à un désespoir dont je n'arrêtai les premiers effets que pour le voir tomber dans une mélancolie profonde : j'y cherchais l'espoir d'une guérison prochaine ; c'était le dernier degré d'un mal incurable.

» Il entra chez moi un matin, avant que je fusse levé ; il était en habit de cheval : « C'en est fait (me dit-il avec plus de sang-froid qu'à l'ordinaire, et en s'asseyant sur le pied de mon lit), j'ai pris mon parti : je ne la verrai plus. » Je l'encourageai dans cette résolution ; il me regarda avec un sourire amer dont j'étais loin de soupçonner l'expression, et se leva : « Mon ami, ajouta-t-il en se promenant à grands pas dans ma chambre, je vais faire une course qui me fera du bien ; viens chez moi à midi : j'aurai quelque chose à t'apprendre. — Attends-moi, lui répondis-je, nous monterons à cheval ensemble. — Non, je vais à un rendez-vous où il ne faut pas de témoins ; » et en disant cela, il s'approcha de mon lit, me serra la main, et sortit avec précipitation.

» Loin que cette démarche me causât la moindre inquiétude, j'interprétai le peu de mots qu'il m'avait dits de manière à me persuader qu'il cherchait à former une liaison nouvelle.

» Je me rendis chez lui à l'heure indiquée : son domestique me remet une lettre; je reconnais son écriture; je l'ouvre.... Jugez de mon effroi en lisant ces mots :

« *Mon ami, au moment où tu lis ce billet, j'ai cessé d'aimer et de vivre : charge-toi d'annoncer à mon père et à ma mère ce fatal événement; dis-leur que je n'avais que le choix entre la mort et la honte, et qu'en me rappelant leur tendresse et leurs vertus, je n'ai à rougir que d'avoir si long-tems balancé. Adieu pour toujours.* »

» Je n'essaierai pas de vous peindre ma douleur : je n'entre point dans le détail des recherches inutiles que je fis pour m'assurer d'un malheur dont je voulais encore douter. Ma dernière démarche, après deux jours de courses et d'informations infructueuses, avait été de prévenir la police, et ce fût par elle, qu'au bout de trois semaines, je fus averti de me transporter dans le lieu que vous venez de visiter, pour y reconnaître les déplorables restes de mon malheureux ami qui s'était précipité dans la Seine, et dont le corps avait été jeté sur le rivage, à deux lieues au-delà de Neuilly.

» Vous pouvez maintenant vous expliquer l'horreur que j'éprouve à la seule vue d'un monument qui réveille dans mon cœur un pareil souvenir. »

N° CX. — 12 *février* 1814.

LES ÉGOÏSTES.

>   Moi !
> Moi ! dis-je, et c'est assez.
>   CORN., *Médée.*

Il existe dans la nature deux forces opposées, que l'on nomme *centripète* et *centrifuge*, dont les lois, découvertes par Huygens, et appliquées par Newton, gouvernent le monde physique. La première de ces forces appelle tous les corps en mouvement vers un centre commun; la seconde les en éloigne : l'harmonie de l'univers résulte d'une heureuse combinaison de ces deux puissances. La même théorie peut s'appliquer à l'organisation du corps social : le *Patriotisme* et l'*Égoïsme* y remplissent les fonctions de forces centrales : l'un tend à se rapprocher de l'intérêt public, dont l'autre cherche sans cesse à s'isoler. La société la plus heureuse est celle où l'équilibre, entre ces deux pouvoirs, est le mieux établi : j'avance cette proposition sans m'embarrasser de la conséquence immédiate qu'on peut en tirer, et de l'application qu'on en peut faire au tems et au pays où nous vivons.

C'est à tort, il me semble, que les égoïstes dont l'espèce (pour ne pas dire la famille) s'accroît d'une manière si effrayante, affectent de prendre *Montaigne* pour leur patron. L'auteur des *Essais* ne craint pas d'avouer qu'il appartient à la secte de ces aimables paresseux qui font consister le bonheur dans ce repos du corps, dans ce calme de l'ame dont leur maître Epicure fait le partage de ses dieux fainéans. Montaigne nous apprend lui-même *que sa véritable profession, dans cette vie, était de vivre mollement, et plutôt lâchement qu'offaireusement;* mais comment accuser d'égoïsme celui de tous les écrivains qui a le mieux parlé de l'amitié, parce qu'il a parlé de ce qu'il a senti ? De toutes les passions, de tous les sentimens dont le cœur humain est susceptible, l'amitié est peut-être le seul qui exclut l'égoïsme. Aimer, c'est en quelque sorte déplacer son existence;

c'est vivre dans un autre, pour un autre; *ce n'est pas* (ajoute Montaigne, en parlant de sa liaison avec la Boëtie) *une spéciale considération qui me détermina: c'est je ne sais quelle quintessence de toutes, qui ayant saisi ma volonté, l'amena se plonger et se perdre dans la sienne.*

La réputation d'égoïsme qu'on a voulu faire à ce philosophe, a le même fondement que sa gloire. On a blâmé, en les admirant, ces *Essais*, où il entretient ses lecteurs de sa personne, de ses goûts, de ses maladies, de ses vertus et de ses défauts. Montaigne s'était proposé pour but l'étude du cœur humain; pour être plus sûr de ses expériences, il les a faites sur lui-même; il parle de ses vices et de ses qualités avec la même franchise; il se donne souvent pour preuve, et jamais pour modèle.

On a mis plusieurs fois, et toujours sans succès, le caractère de l'Egoïste sur la scène. Fabre, qui l'a peint des couleurs les plus odieuses dans son *Philinte* (lequel n'est pas celui de Molière, quoiqu'il en dise), a laissé ce personnage sur le second plan, et ne s'en sert que pour relever le beau caractère d'*Alceste*. Barthe, sur le même sujet, n'a fait, avec beaucoup d'esprit, qu'une comédie médiocre; Cailhava n'a pas été plus heureux, et l'*Egoïste* reste encore à faire : il est fâcheux que nous manquions de peintres pour un pareil tableau, à une époque où nous avons tant de modèles.

En lisant les ouvrages de Port-Royal, on ne sait ce qu'on doit admirer le plus, des vastes connaissances de ces pieux cénobites, ou de leur touchante modestie. En songeant que tant de productions immortelles sorties de cette école du goût et de la raison étaient présentées au public avec une respectueuse défiance, comment ne pas rire de la morgue doctorale qu'affectent aujourd'hui quelques-uns de ces journalistes, sans autre titre à la confiance de leurs lecteurs que le monograme impertinent qu'ils laissent tomber au bas de leurs articles? Comment ne pas rire, en les entendant répéter à chaque phrase : *Je sais, je pense, je soutiens, j'affirme.* Eh! Messieurs, les Pascal, les Arnault, les Nicolle, les Lancelot, disaient modestement : *Nous croyons, nous sommes d'avis.* Ils pensaient que cet usage de parler au public à la première personne, procédait de ce principe de vanité ridicule, qu'ils ont proscrit sous le nom d'*égoïsme* (mot énergique dont ils ont enrichi notre langue). Pascal allait plus loin, il prétendait *qu'un chrétien devait éviter de se servir du mot* JE; *que l'humilité chrétienne anéantit le moi humain, et que la civilité humaine le cache et le supprime*: on conviendra, qu'à cet égard du moins, nous n'avons jamais été moins religieux et moins civils.

Depuis long-tems la révolution est le bouc émissaire que nous chargeons de toutes nos iniquités : de tous les maux dont on veut la rendre responsable, celui d'avoir augmenté le nombre des Égoïstes est peut-être le mieux prouvé. Ceux qui l'ont faite, comme ceux qui l'ont soufferte, semblent y avoir appris, pour toute leçon, que la ressource la plus sûre est celle que l'on trouve en *soi*, et le dévouement le mieux récompensé, celui que l'on a pour sa propre personne. Combien de gens, aujourd'hui, se font hautement une règle de conduite de cette maxime des ames sèches, que beaucoup de gens pratiquaient autrefois, mais, du moins, qu'ils ne professaient pas.

J'ai connu, jadis, un M. d'Argeville, officier de dragons, qui vivait très-bien avec ses camarades, sans autre secret, que de ne rendre et de ne demander de services à personne. La nature ne l'avait pas fait Egoïste; il l'était devenu, par système, à la suite de deux ou trois aventures malheureuses qui lui parurent avoir une source commune dans la bonté de son cœur : il avait perdu le meilleur de ses amis pour lui avoir rendu un service essentiel en lui prêtant une somme considérable, qu'il ne put recouvrer qu'en se brouillant avec l'emprunteur. En voulant se mêler d'arranger une affaire d'honneur, il s'en était fait deux; l'un des adversaires lui avait donné un coup d'épée qui l'avait retenu six mois au lit ; il avait tué l'autre, et s'était vu forcé de s'expatrier pendant deux ans. Quelques autres malheurs du même genre avaient achevé d'étouffer sa bienveillance naturelle : pour détruire ses sentimens, il avait adopté des principes sur lesquels il était si ferme, qu'il n'aurait ni prêté un écu à son frère, ni dit un mot pour sauver la vie à deux de ses camarades : il répétait souvent que, *dans ce monde, il fallait se faire centre d'un cercle qui n'eût pas plus de deux pieds de diamètre.*

Il est pénible de penser qu'un de nos philosophes les plus célèbres, de nos écrivains les plus distingués, que Fontenelle, dont la longue vie peut, mieux qu'une autre, fournir une suite d'expériences sur le cœur humain ; il est pénible, dis-je, de penser que cet homme célèbre ait été entiché, ou plutôt entaché d'égoïsme, au point d'avoir accrédité, sous son nom, cet aphorisme anti-social; qu'*il n'y a de bonheur parfait qu'avec un mauvais cœur et un bon estomac.* Ce mot, qui pouvait échapper à l'ingénuité d'un Égoïste, ou même à l'humeur d'un philantrope, n'acquiert une autorité dangereuse que dans la bouche d'un homme dont la carrière heureuse et brillante n'en est, aux yeux de bien des gens, qu'un long commentaire.

Parmi les Égoïstes fameux du dernier siècle, on ne peut oublier cette marquise du Deffant, qui, dans les derniers mois de la vie de son vieil ami, le président Hénault, passait avec lui toutes ses soirées; on la voit arriver chez Mme de Forcalquier; on en conclut que le président se porte mieux; on s'informe de sa santé,

LES ÉGOÏSTES. 97

Vous ne me verriez pas ici, répondit-elle, *si je n'avais pas eu le malheur de le perdre ce matin.*

Tout le monde connaît cette réponse de Colardeau mourant, à son ami Barthe, qui lui demandait son avis sur la comédie de *l'Homme Personnel*, qu'il venait de lire au chevet du lit du malade : *Vous pouvez ajouter un bien bon trait au caractère de votre principal personnage* (lui répondit Colardeau), *en disant qu'il force son vieil ami, la veille de sa mort, à écouter la lecture d'une comédie en cinq actes.*

Je ferais un livre, au lieu d'un *Discours*, si j'essayais de tracer, même en quelques lignes, les différens portraits d'égoïsme dont la société, dans toutes les classes, pourrait m'offrir les modèles : je me borne à un seul, que j'ai bien observé, et qui me paraît avoir atteint la perfection, ou pour mieux dire, la laideur idéale d'un défaut auquel je connais peu de vices qui ne soient préférables.

Saint-Chaumont est parvenu à l'âge de quarante ans, sans avoir eu une idée, un sentiment étrangers à sa personne. Pour qu'il soit exactement vrai de dire

Que le mot dans sa bouche a plus d'une syllabe,

v.

il a soin, en parlant, de le faire suivre immédiatement du pronom *je*; *Moi*, *je*, commence toutes ses phrases: il ne connaît de maux que ceux qu'il sent, de jouissances que celles qu'il éprouve : s'il est à la promenade et qu'il pleuve, il est convaincu que l'eau ne tombe que sur lui; va-t-il à pied dans les rues? il ne conçoit pas que la police laisse subsister les cabriolets; est-il en cabriolet? il se plaint de la rigueur des ordonnances, qui ne permettent pas d'écraser impunément les gens à pied; toutes ses actions, toutes ses pensées, tous ses jugemens sont autant de réponses à ces questions qu'il s'adresse sans cesse : *Quel avantage en résultera-t-il pour moi? Quel dérangement cela peut-il me causer? A quoi cela peut-il me servir?*

Saint-Chaumont a dans le monde la réputation d'un honnête homme : quel est donc la valeur de ce mot? Un de ses amis vient le prévenir, un soir, qu'il aura besoin de lui le lendemain matin à sept heures, pour une affaire, au succès de laquelle sa fortune entière, son bonheur et celui de sa famille sont attachés. Le rendez-vous est précis; un quart d'heure de retard anéantirait toutes ses espérances. Saint-Chaumont promet d'être exact ; mais il ne se lève jamais qu'à neuf heures : il court risque d'être mal à son aise tout le reste du jour quand il s'écarte de ses habitudes. A huit heures il est encore dans son lit : son ami vient, le presse, le supplie ; il se lève ; mais jamais il ne sort à jeûn ; son médecin le lui recommande sous peine de maux de tête affreux. Neuf heures vont sonner : il s'est vêtu bien chaudement ; il a mis ses claques, sa pièce d'estomac, du coton dans ses oreilles : il part, monte en voiture, arrive ; depuis deux heures l'affaire est terminée ; la ruine de son ami est complète. — C'était bien la peine de me faire lever si matin !

L'année dernière nous nous trouvions ensemble à la campagne ; un soir, le fils du maître de la maison, qui se promenait dans le parc, tombe dans un puisard dont on avait négligé de fermer l'ouverture, et se démet le pied. Un jardinier vient annoncer cet accident ; les uns volent au secours du jeune homme ; les autres préparent des matelas dans le salon pour y déposer le blessé : Saint-Chaumont y tombe sans connaissance ; on s'empresse autour de lui, on lui fait respirer des sels; ses esprits se raniment; et quelqu'un qui se méprend sur la cause de son évanouissement, croit le tranquilliser en l'assurant que le mal est moins grand qu'on ne le craignait; que le jeune homme n'a pas la jambe cassée. *A la bonne heure*, dit-il; *mais je n'en frémis pas moins du danger que j'ai couru, quand je songe que je me suis promené hier soir dans cet endroit, et que la même chose pouvait m'arriver.*

Ces deux traits de caractère, d'un parfait Egoïste, me dispensent de le présenter dans des situations moins importantes; à table, chez lui comme chez les autres, se servant toujours le meilleur morceau; au spectacle, dans une loge louée, s'emparant de la meilleure place, sans égard d'âge, de rang, ni même de sexe; dans un salon, debout, en face de la cheminée, profitant du feu, et s'embarrassant fort peu d'en priver les autres. Dans quelque moment qu'on le prenne, dans quelqu'attitude qu'on l'observe, on le verra toujours occupé *de lui* quand il veille, et songeant *à lui* quand il dort.

Mes lecteurs désirent-ils une peinture achevée de l'Egoïsme? ils la trouveront dans cette fable de M. Arnault, où le rapprochement le plus ingénieux est exprimé avec la plus énergique et la plus élégante concision :

LE COLIMAÇON.

Sans amis, comme sans famille,
Ici-bas vivre en étranger ;
Se retirer dans sa coquille
Au signal du moindre danger ;
S'aimer d'une amitié sans bornes,
De soi seul emplir sa maison ;
En sortir, suivant la saison,
Pour faire à son prochain les cornes ;
Signaler ses pas destructeurs
Par les traces les plus impures ;
Outrager les plus tendres fleurs
Par ses baisers ou ses morsures ;
Enfin chez soi, comme en prison,
Vieillir, de jour en jour plus triste :
C'est l'histoire de l'Égoïste
Et celle du Colimaçon.

Dans cette fable charmante, chaque vers est une pensée : la remarque est bonne à faire dans un tems où les pensées sont si rares et les vers si communs.

N° CXI. — 19 *février* 1814.

LE BUREAU DE DEUIL.

*— Si paulùm potes, illacrymare : est
Gaudia prudentùm vultu celare. Sepulchrum
Commissum arbitrio sine sordibus exstrue. Funus
Egregiè factum laudet vicinia.*
            HOR., Sat. 5, lib. 2.

Il n'y aurait pas de mal à pleurer un peu ; mais surtout que votre visage ne trahisse pas votre joie. Si vous êtes chargé des funérailles, faites assez bien les choses pour que les voisins en parlent avec éloge.

LE ridicule, en France, porte avec lui une sorte de mordant, au moyen duquel il s'attache à tout, aux choses les plus importantes comme aux plus frivoles, aux objets les plus gais comme aux plus sérieux ; la moindre circonstance, un mot dont il s'empare opère dans les esprits une révolution complète, et les fait quelquefois passer, sans aucune gradation, de la plus profonde tristesse à la joie la plus extravagante.

Je me rappelle avoir entendu plaider, il y a quelques années, un avocat du premier talent dans une cause où la vie, l'honneur et la fortune de plusieurs individus se trouvaient compromis. L'auditoire était nombreux et attentif; l'orateur, dans sa péroraison pleine d'éloquence et de chaleur, avait porté l'émotion à son comble; tous les assistans fondaient en larmes; malheureusement, dans la chaleur d'un mouvement pathétique, dont l'effet ne pouvait être prévu, une partie essentielle du vêtement de l'avocat vint à perdre son point d'appui, et ne laissa plus qu'une main à la disposition de l'orateur. Cet incident burlesque, dont chacun s'aperçut, excita tout-à-coup un rire général; on oublia la situation des accusés et l'éloquence de leur défenseur; il fut impossible de ramener le calme, et le président fut obligé d'ajourner la cause pour ne pas risquer de rendre un arrêt de mort au milieu des convulsions d'un rire inextinguible.

Rien de plus triste que la mort et tout ce qui tient à son cortége; c'est une image que peu de gens ont la force de supporter, par la raison que c'est un malheur auquel personne n'a l'espoir de se soustraire; il n'en est pas moins vrai que le ridicule peut l'atteindre, et qu'une fois maître du sujet, il y trouve une source de comique que le bon goût ne réprouve pas toujours. Une des scènes les plus gaies du *Mercure Galant* n'est-elle pas celle de Boniface Chrétien, dans laquelle il n'est question que de billets mortuaires? Les comédies du *Double Veuvage*, du *Légataire*, des *Héritiers*, des *Étourdis*, que l'on revoit avec tant de plaisir au théâtre, ne roulent-elles pas sur des détails de mort, de convoi funèbre, de frais d'enterrement? Enfin, dans *Crispin Médecin*, les ris immodérés des spectateurs ont-ils une autre cause que les angoisses d'un valet qui se voit au moment d'être disséqué tout vif?

Les Anglais ont été beaucoup plus loin : j'ai vu jouer à Londres une comédie (*le Docteur Burlesque*, autant qu'il m'en souvient) dont la scène se passe dans un bureau de deuil; les personnages sont des pleureurs à gages, des fossoyeurs et quelques héritiers qui ont besoin de leur ministère. Cette pièce est d'une gaîté folle : je crois me rappeler qu'on a cherché, sans succès, à l'introduire sur un de nos théâtres; je n'en persiste pas moins à croire que *l'intérieur d'un bureau de deuil* peut être le sujet d'une bonne comédie de mœurs.

Ce genre d'établissement (auquel suppléaient autrefois les fabriques des églises), indispensable dans une grande ville, a dû, comme tant d'autres, s'y entourer d'abus, dont le premier tient à la nature même d'une spéculation dont les entrepreneurs doivent se dire, comme Boniface Chrétien :

Je ne puis être heureux qu'à force de trépas.

Je ne sais à quelle époque remonte, dans cette capitale, l'origine du bureau de deuil, dont l'objet se bornait autrefois à l'annonce des décès et aux billets *de faire part* : on pouvait s'y abonner pour une somme très-modique, au moyen de laquelle on était instruit, à point nommé, de la mort d'une foule de gens dont le trépas seul révélait l'existence. Les fabriques paroissiales se chargeaient de tous les autres détails des solennités funèbres, dont le prix, qu'aucun tarif ne fixait encore, se débattait entre les intéressés.

Jusque-là l'autorité n'était intervenue que pour restreindre la durée du deuil : on n'est point étonné d'apprendre que la première ordonnance, à ce sujet, en date du 19 juin 1716, par laquelle le tems des deuils de cour se trouvait réduit de moitié, ait été rendue par le régent, ennemi de toute espèce d'étiquettes : cette ordonnance fut très-plaisamment motivée *sur le tort que faisait aux marchands et aux manufacturiers, l'abus de prolonger la durée des deuils.*

Il eût été plus sage, à cette époque, de limiter le faste des convois, que la vanité avait transformés en cérémonies d'apparat, et dont l'usage avait fini par imposer l'obligation. La chapelle ardente au domicile du défunt, le lit de parade, le catafalque dans l'église, les tentures de velours, les armoiries larmoyantes, les custodes et devantures d'autel, les gens, les carrosses et les appartemens drapés, tout ce luxe funèbre devenait l'occasion de dépenses ruineuses auxquelles la fortune du défunt avait quelquefois peine à suffire.

Vers le commencement du règne de Louis XV, un arrêté du parlement décida *que les ornemens* qui avaient servi dans un convoi appartenaient de droit à la fabrique ; dès-lors, ces mêmes fabriques s'érigèrent en bureau de deuil, et se chargèrent, par entreprise, du soin d'honorer les morts, et d'exprimer publiquement les regrets et la douleur des familles : cette opposition si piquante, de la tristesse et de la vanité aux prises avec l'intérêt et l'avarice, est bien faite pour dérider le front de l'observateur le plus *sentimental* ; et j'ai vu se passer sous mes yeux, à différentes époques, deux petites scènes de ce genre, que je vais essayer de reproduire dans toute leur naïveté.

Quelques années avant la révolution, le marquis de N *** mourut à Paris, et institua un de ses cousins légataire universel : le défunt laissait une assez grande fortune, et le rang qu'il tenait dans le monde exigeait que ses obsèques se fissent avec une sorte de pompe. A cette époque, l'opinion publique présidait un tribunal dont on ne bravait pas impunément les arrêts : le cousin, tout avare qu'il était, n'en redoutait pas moins les reproches et les railleries amères d'une foule de collatéraux déshérités qui l'attendaient à la cérémonie des funérailles pour l'accuser publiquement d'ingratitude : il voulait concilier son intérêt, sa vanité et sa réputation; nous étions liés ensemble; il me choisit pour médiateur : nous nous rendîmes tous deux au bureau de deuil de la paroisse du défunt; nous y trouvâmes, au fond d'un cabinet sale et obscur, une espèce de sacristain-greffier qui déjeûnait sur le coin d'une table en forme de bureau, sur laquelle se trouvaient, pêle-mêle, une bouteille de vin, un bénitier, un paquet de cierge, et un morceau de fromage enveloppé dans un billet d'enterrement. Il vint à nous en s'essuyant les lèvres, et devinant, à l'habit du cousin, le sujet de notre visite, il composa sa figure, et commença une conversation qui m'est restée dans la mémoire.

L'ENTREPRENEUR (*au Cousin*).

Je connais, Monsieur, toute l'étendue de la perte que vous avez faite; mais, enfin, nous sommes tous mortels : comment voulez-vous être servi ?

MOI.

Sans trop de faste, mais sans mesquinerie.

L'ENTREPRENEUR.

Quelque chose qui ait de l'apparence, et qui ne coûte pas trop cher; j'entends. Le défunt était riche?

LE COUSIN.

Beaucoup moins qu'on ne croit.

L'ENTREPRENEUR.

Vous ne pouvez pas vous passer de *la grande argenterie*. Quels étaient ses titres?

MOI.

Marquis.

L'ENTREPRENEUR.

Marquis? diable! *Vingt-quatre pleureurs choisis*.

LE COUSIN.

Douze suffiraient; la famille est nombreuse.

L'ENTREPRENEUR.

De quelles charges ou dignités M. le Marquis était-il revêtu?

MOI.

Simple conseiller d'Etat.

L'ENTREPRENEUR.

Peste ! *le drap mortuaire en velours à croix d'argent.*

LE COUSIN.

Intendant de Poitou.

L'ENTREPRENEUR.

Vous m'en direz tant : marquis, conseiller d'Etat, intendant de Poitou ! *Chapelle ardente, exposition sous le porche.* Des fiefs, sans doute ?

MOI.

Je ne crois pas.

LE COUSIN.

Pardonnez-moi : seigneur de quatre paroisses.

L'ENTREPRENEUR.

Le *poêle à frange*, porté par les gens de justice, baillis et sénéchaux, ou leurs représentans. Quelles armoiries ?

LE COUSIN.

Les mêmes que les miennes : *Fond de sable,*

écartelé d'azur, demi-pal, et trois tours de gueule.

L'ENTREPRENEUR.

Tenture écussonnée, conforme au modèle, et quinze cents billets de *faire part*. Maintenant, Messieurs, il ne s'agit plus que de savoir si vous voulez de la cire neuve ou de la vieille.

LE COUSIN.

Quelle est la différence du prix?

L'ENTREPRENEUR.

Quinze pour cent; et, comme rien ne se fait ici par intérêt, je dois vous prévenir que la vieille cire vous fera tout autant d'honneur que la neuve.

MOI.

Fort bien; mais, auparavant, dites-nous ce que vous entendez par *vieille cire*?

L'ENTREPRENEUR.

Le voici : autrefois la cire des enterremens était un sujet de dispute entre la fabrique et les domestiques de la maison; il en est souvent résulté des débats scandaleux : pour les prévenir, un arrêt du conseil, de 1845, alloue aux domestiques la cire jaune des chapelles ardentes; ceux-ci nous la revendent, et nous y trouvons une économie qui tourne au profit des familles.

Après avoir admiré la vigilance d'une législation qui s'étendait à de pareilles vétilles, nous réglâmes le mémoire des frais, lequel après y avoir ajouté les manteaux de deuil pour les parens, les gants de castor noir pour les laquais, trois cents aunes de crêpe pour les pleureurs et les pauvres de la suite, ne se monta pas moins qu'à la somme de 7566 liv. 15 s. 9 d. Cette douloureuse récapitulation arracha des larmes au pauvre cousin, sur la source desquelles il me fut d'autant moins possible de me méprendre, qu'il me tirait à chaque article par la basque de mon habit. Après avoir bien marchandé, j'obtins une réduction d'un tiers sur le mémoire et sur la douleur du légataire.

Depuis quelques années, il s'est fait dans cette administration des changemens utiles et convenables : les fabriques des paroisses n'ont plus rien de commun pour tout ce qui se passe hors des églises avec le matériel des enterremens, devenu l'objet d'une entreprise particulière, sous la surveillance de l'autorité municipale. J'ai passé dernièrement une heure au bureau de deuil, et j'ai eu l'occasion de me convaincre que c'était, à bien examiner la chose, un des théâtres de Paris où se jouaient les scènes les plus comiques. J'ai sur-tout remarqué un gros homme joufflu, vermeil, qui faisait les plus drôles d'efforts pour donner à sa phisionomie joviale l'expression de la tristesse. Il venait commander l'enterrement de sa femme, et ne tarissait pas sur son éloge, qu'il termina par cette singulière exclamation :

« Hélas ! dans les circonstances actuelles, il est trop heureux que Dieu l'ait appelée à lui ; la voilà tranquille au moins ; il n'y a plus que moi qui souffre : chacun sait que pour elle je me suis toujours sacrifié. »

Il prévint ensuite l'entrepreneur qu'il ne voulait rien épargner pour donner à cette épouse si chère un dernier témoignage de tendresse.

« La tenture de velours ? — Oui, sans doute, la tenture de velours : peut-il y avoir rien de trop beau pour elle ? De quel prix est la tenture de velours ? — Six cents francs. — Six cents francs !... Je fais une réflexion : je dois respecter ses goûts, même après sa mort, et je me souviens qu'elle avait pour ce genre de luxe une aversion toute particulière. Mettez la tenture de serge ; mais pour le reste, n'épargnez rien : je veux faire les choses grandement. — Nous vous donnerons cinquante cierges de première qualité pour deux cents francs. — Cinquante cierges pour deux cents francs ! Ah, chère amie ! s'il m'en fallait allumer un pour chacune de tes vertus, quelle fortune y pourrait suffire ? Nous en mettrons quatre ; mais sous tous les autres rapports, que le convoi soit brillant. — Vous voulez donc un grand nombre de voitures de suite ? vingt-cinq, par exemple, à un louis chacune. — Ce qu'il y a de mieux, Monsieur ; mais rien d'inutile. Cette excellente femme choisissait bien ses amis ; elle en avait peu, et je ne veux pas d'indifférens à ce convoi : une seule voiture suffira. — C'est-à-dire, Monsieur, que vous voulez le convoi le moins cher, et non pas le plus brillant, comme vous l'avez répété plusieurs fois. — Pardonnez-moi, Monsieur, le plus brillant de simplicité, de modestie ; en un mot, le plus conforme aux

LE BUREAU DE DEUIL. 115

vertus de l'épouse chérie à laquelle j'ai la douleur de survivre. » Il accompagna ces derniers mots d'un soupir cadencé, d'un effet si burlesque, que je ne parvins à cacher qu'à moitié sous mon mouchoir l'envie de rire qui m'étouffait, et auquel j'allai donner carrière dans la chambre voisine.

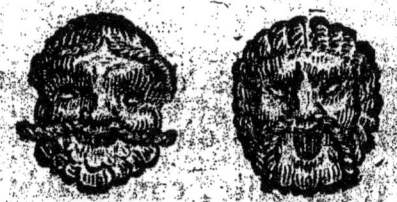

L'ATELIER DU PEINTRE.

> — *Nec desilies, imitator in artium.*
> HOR., *Ars Poët.*
> Ne vous piquez pas d'une imitation trop scrupuleuse.

Le nom d'*artiste* est de création moderne, du moins dans le sens où nous l'employons aujourd'hui : il est utile, convenable ; il s'applique fort bien et d'une manière générale à tous ceux qui exercent ou qui professent un art quelconque ; mais dans ces derniers tems on en a singulièrement abusé ; dans le cours d'une révolution qui tendait à tout égaliser ou plutôt à tout anéantir, on en avait fait un synonyme du mot *artisan* : aujourd'hui l'on s'en sert par courtoisie, pour désigner l'état d'une foule de gens qui n'en ont pas. M. Gérard est un peintre, M. Houdon est un sculpteur, M. Méhul est un musicien, M. Talma est un comédien; messieurs tels et tels, le décorateur des *Ombres chinoises*, le troisième violon de l'orchestre de l'Ambigu, le père noble de la troupe de Montargis, sont des *artistes*. Ce n'est là qu'une dispute de mots; mais si le mot a sur la chose une influence fâcheuse, il doit être permis de s'y arrêter. La facilité avec laquelle on accorde le nom d'artiste à tous ceux qui se l'arrogent, contribue plus qu'on ne le croit à augmenter le nombre de ces jeunes gens des deux sexes qui, après avoir végété plusieurs années dans les ateliers ou dans les classes du Conservatoire, en sortent avec un titre qu'ils aiment mieux porter sans fruit et sans honneur, que d'y déroger en prenant une profession utile à laquelle ils seraient propres. De là cette foule de barbouilleurs dont les enseignes encadrées bariolent les arcades du Palais-Royal; de là cette nuée de croquenotes qui courent le cachet dans la banlieue, qui spéculent sur la vente d'une romance ou d'une walse, et qui attendent la saison des bals, dont ils composent l'orchestre, pour payer leur loyer et donner un à-compte à leur tailleur.

Je rencontrai dernièrement à la vente des tableaux de M. de L*** le jeune Saint-Charles, fils d'un horloger très-habile : il me reconnut et m'aborda. En me faisant souvenir que je l'avais autrefois recommandé à M. Vien ; il me rappela que le restaurateur de l'école française m'avait souvent assuré que ce jeune homme ne ferait jamais rien en peinture, et que je l'avais plus d'une fois engagé à prendre l'état qu'avait honoré son père. Tourmenté d'un désir qu'il prenait pour une vocation d'être *artiste*, il ne tint aucun compte de mes conseils, et fit à ses frais, le voyage de Rome : il en était revenu depuis quatre ans. Comme il jugeait probablement que l'indigence de son vêtement ne devait pas me donner une grande idée de sa fortune, il s'empressa de m'assurer qu'il était l'homme le plus heureux du monde, et me fit promettre de l'aller voir.

Je le trouvai dans une mansarde du Palais-Royal ; il me présenta sa femme, qu'il m'avait annoncée comme une jeune villageoise du pays de Caux, et sur l'origine de laquelle je fus bien tenté de porter un autre jugement. Tout, dans ce misérable réduit, portait le caractère du désordre et de cette pauvreté qu'un vernis de luxe rend encore plus insupportable. Pour me distraire du bruit et du spectacle de deux enfans très-sales qui se battaient avec un chien dans une chambre étroite, laquelle servait en même tems de cuisine et d'atelier, notre artiste me faisait remarquer le coup-d'œil magnifique dont il *jouirait*, disait-il, si quelque bon incendie (en le débarrassant d'une maison à sept étages élevée devant sa fenêtre) faisait disparaître le seul obstacle qui le privât du plus beau point de vue qu'il soit possible d'imaginer. Il me fit voir ensuite ses dessins et ses tableaux : aucun ne démentait la prédiction de M. Vien ; mais tous étaient des chefs-d'œuvre aux yeux de leur auteur, qui n'attendait que la paix avec l'Angleterre pour faire passer à Londres cette précieuse collection, sur laquelle il fondait sa fortune : « En attendant, il vivait, disait-il, en artiste, luttant avec orgueil contre les besoins dont il était quelquefois assiégé, et cédant sans honte à la nécessité qui l'obligeait à dégrader ses nobles pinceaux, jusqu'à peindre la figure triviale d'un limonadier du Perron, ou le profil bourgeois d'une bijoutière de la galerie des

Bons-Enfans ». Il n'était plus tems d'attaquer sa résolution; qu'avais-je de mieux à faire que de louer sa philosophie?

En quittant cet artiste, j'allai visiter un peintre, afin de mesurer d'un coup-d'œil l'espace qui les sépare. M. N***, après avoir remporté le grand prix et fait le voyage de Rome, où de bonnes études ont développé son talent, est revenu dans sa patrie, et s'y est annoncé par un chef-d'œuvre. Ce jeune homme est doué d'une de ces têtes où le génie bouillonne, où l'imagination fermente, et d'où sortent ces créations poétiques qui s'emparent de l'ame avant même d'avoir été jugées par le goût; ses rivaux applaudirent à ses succès; le gouvernement les encouragea en le chargeant de travaux importans; et les plus jolies femmes de Paris, à la préférence desquelles il n'est point insensible, s'empressèrent de se faire peindre par lui.

M. N*** est logé au faubourg Saint-Germain, dans une petite maison qu'il a décorée lui-même avec beaucoup de goût, et dont son atelier occupe la plus grande partie : c'est un vrai sanctuaire des arts où le désordre règne sans confusion : des toiles, des esquisses sont disposées sur des chevalets ; de beaux plâtres d'après l'antique, parmi lesquels on distingue le Torse du Vatican, les têtes de l'Apollon et de l'Antinoüs, sont rangés par étages ; et des armures, des armes modernes, des vêtemens de différens genres y sont jetés sur des fauteuils, autour de deux mannequins, dont l'un représente un chevalier du quatorzième siècle, armé de toutes pièces, et l'autre, une élégante française du dix-neuvième, dans un costume qui réunit la grâce de l'antique au charme de la mode. Une petite bibliothèque, soutenue par des cariatides égyptiennes, renferme deux ou trois cents volumes choisis, parmi lesquels on remarque, en première ligne, les ouvrages de Léonard de Vinci, de l'abbé Dubos, de Vinkelman, de Montfaucon, les ruines d'Herculanum, etc. Delille y tient sa place en qualité de peintre-poète, et Le Sage, Fielding, Richardson et La Bruyère n'y sont point oubliés comme peintres de mœurs.

Les peintres d'histoire ont, pendant long-tems en France, dédaigné *le portrait*. M. N*** se garde bien de négliger une branche de l'art qu'ont illustré les Vandyck, les Titien, et Raphaël lui-même. Son atelier était encombré de portraits dont le plus grand nombre était là pour être retouché dans quelques parties du costume, (genre de travail auquel il employait ses élèves).

Le premier qui frappa mes regards représentait un adjoint de mairie dont la figure n'était pas précisément ignoble, et n'annonçait pas un homme entièrement imbécille ; l'original de ce portrait venait d'obtenir une place de conseiller de préfecture, et il s'agissait de remplacer sur son habit la baguette en argent par une petite broderie en soie bleue ; de plus, comme M. le conseiller voulait perpétuer dans sa famille le souvenir de sa première dignité, il avait imaginé de faire peindre son écharpe sur le dossier du fauteuil où il était assis.

« Celui-ci (me dit M. N*** en me montrant un autre portrait) m'a mis dans un bien plus grand embarras ; c'est un petit-maître étranger que deux ou trois caillettes ont mis à la mode à Paris pendant quelques semaines : nous avons été huit grands jours pour trouver une pose qui permit de montrer à la fois l'ordre de Saint-Wladimir et la clé de chambellan dont ce Lovelace hyperboréen est décoré. Le problème était d'autant plus difficile à résoudre, que l'un se porte à gauche par devant et l'autre à droite par derrière ; je m'en suis tiré comme vous voyez, en plaçant auprès de mon modèle une glace à la Psyché qui le montre sous un double aspect. »

Comme nous poursuivions cette revue amusante, la pendule sonna midi; c'était l'heure où notre Apelles commençait ses séances.

J'allais me retirer : « Restez, me dit-il, j'attends quelques originaux qui sont bons à connaître; vous pouvez vous donner le plaisir de les voir poser et de les entendre, en passant dans ce cabinet, d'où vous serez le maître de sortir quand bon vous semblera par la porte de dégagement qui donne sur le petit escalier.... Une voiture s'arrête à la porte; ce sont les modèles d'un tableau de famille dont le chef est M. le baron Coquard de la Grivaudière; je ne vous dis rien de son rang ni de son esprit : regardez, écoutez, et devinez. »

Du fond de mon observatoire je vis s'avancer, ou plutôt se rouler, une espèce de tour, surmontée d'une figure humaine; c'était M. le baron: la baronne était une de ces femmes qui ne dépareraient pas une compagnie de grenadiers; sa figure était régulièrement insipide: elle avait les bras carrés, le pied large et la gorge plate. Je ne serais pourtant pas étonné qu'elle passât dans le monde pour une belle femme: ses deux enfans, d'une figure très-aimable, s'étaient approprié avec beaucoup de réserve les beautés mâles de leur mère.

« Nous voilà, dit le baron Coquard (en remettant à un laquais en habit de livrée tout neuf son witchourat et les fourrures de sa femme): Mais dépêchons-nous; car quand on paie comme moi, on a droit d'exiger que les choses se fassent bien et vite. — Composons d'abord le groupe, répondit M. N***. Avez-vous à cet égard quelques idées particulières? — Des idées! j'en ai mille; mais je m'arrête de préférence à la plus simple: vous me peindrez dans mon parc, pêchant à la ligne dans mon grand bassin, et vous aurez soin que l'on voie la façade de mon château, dont je vous apporte le dessin: surtout, que l'eau où je pêcherai soit bien claire, j'ai mes raisons pour cela. — Et Madame? — Je veux être peinte au pied du Vésuve au moment d'une éruption, dont j'explique à mes fils l'inexplicable phénomène : c'est un fait historique. — Fort bien ! mais comment puis-je peindre dans le même tableau madame la baronne au pied du Vésuve et monsieur le baron au bord de son grand bassin, dans sa terre de Brie ? Nous avons nos trois unités comme les auteurs dramatiques, et l'unité de lieu est celle qu'il nous est le moins permis de violer. — Avec de la perspective (reprit M. Coquard), on se tire de tout ; arrangez-vous comme il vous plaira, je ne sors point de mon château. — Et moi, je tiens au Vésuve. — Je ne vois qu'un moyen de tout concilier ; je peindrai Madame dans une fabrique (au bord du bassin où Monsieur pêchera), et montrant à ses fils une vue coloriée du Vésuve, dans laquelle ils seront tous les trois représentés conformément au trait historique. — Nous y voilà ! s'écria le baron : on a bien de la peine à se faire comprendre. »

Après une demi-heure, qui servit au peintre à préparer son esquisse, le baron financier leva la séance et fit place à un auteur qui venait chercher son portrait pour le faire graver et le mettre en tête d'une ancienne édition de Plutarque qu'il avait surchargée de quelques notes insignifiantes. Ce pédant ridicule, connu par sa fatuité et son *outre-cuidance*, était convaincu que son image en taille-douce ferait un merveilleux effet au frontispice des *Hommes illustres*.

Je vis paraître ensuite une jeune dame, que j'aurais prise pour le modèle de la *Psyché* de Gérard, si l'expression ravissante de ses grands yeux bleus ne m'eût appris que l'amour avait déjà passé par là. Je ne me lassais pas d'admirer sa taille légère, son teint si frais et si pur, mille attraits formés, d'autres naissans encore. Le peintre s'était surpassé; le portrait, presque fini, approchait de la perfection du modèle. Quand cette belle personne eut posé quelques minutes : « Mon mari, dit-elle d'un air timide et embarrassé, doit venir demain chercher ce portrait; je désirerais, Monsieur, que vous trouvassiez quelque prétexte pour le garder et m'en faire une copie que je destine.... (la voix devint moins assurée.) — A une amie, à qui vous en ménagez la surprise, continua vivement le peintre?— Oui Monsieur, à une amie d'enfance. — Nous sommes accoutumés à ces petits secrets d'amitié, et vous pouvez être parfaitement tranquille sur le vôtre. —Je désirerais, Monsieur (poursuivit-elle avec plus d'assurance), que la copie fût si conforme au portrait original que l'on pût s'y méprendre. — On s'y méprendra, Madame ; je suis garant que l'on s'y méprendra. » M. N*** appuya sur ces derniers mots avec un sourire dont la rougeur de la jeune dame m'expliqua la malignité.

Les autres personnages qui se succédèrent dans l'atelier du peintre étaient sans physionomie, et je me lassai bientôt de contempler des mannequins.

N° CXIII. — 5 *mars* 1814.

LE PONT-DES-ARTS.

Speak well of the bridge you pass over.
ENGL., PROV.
Dites du bien du pont sur lequel vous passez.

POURQUOI ce nom de Pont-des-Arts ? En quoi les arts ont-ils plus de part à sa construction qu'à celle du Pont-Royal ou du pont de Neuilly ? Il est probable que cette vague dénomination fera dire un jour quelques sottises aux continuateurs des Sauval et des Hurtaux. Je voudrais qu'on assignât aux monumens publics un nom qui rappelât ou leur fondateur, ou leur destination, ou leur origine. Je trouve tout simple qu'on ait appelé *Notre-Dame* et *Saint-Michel*, deux ponts dont l'un conduit à l'église et l'autre à la place du même nom : qu'on en ait récemment désigné deux autres par les noms glorieux d'Austerlitz et d'Iéna; mais que signifient ces mots de *Pont-Rouge*, de *Pont-Neuf* et de *Pont-des-Arts* ? le *Pont-Rouge* a depuis long-tems perdu sa couleur primitive; le *Pont-Neuf* est maintenant un des plus vieux de Paris, et le *Pont-des-Arts* serait beaucoup mieux nommé le pont du *Louvre*. Je commence par une bien petite observation; mais il me semble qu'un peu de bon sens ne gâte jamais rien.

Le Pont-des-Arts est construit en fer (ce à quoi l'Académie n'a point pensé dans l'article de son Dictionnaire où elle définit le mot *Pont* : « bâtiment de *pierre* ou de *bois* élevé au-dessus d'une rivière »); le premier pont en fer que l'on ait vu en Europe (il existe en Chine deux anciens modèles de ce genre de construction), est celui de *Colebrock-Dale*, dans la province de *Shroop-Shire*, d'une forme moins légère et moins élégante, mais d'une plus grande étendue que le Pont-des-Arts. Ce dernier, commencé en 1804, est situé entre le Pont-Neuf et le Pont-Royal, en face du Louvre et de l'ancien collège de Mazarin, aujourd'hui le Palais de l'Institut. Ce bâtiment de fer, considéré sous le rapport de l'architecture, a été l'objet de beaucoup d'éloges et de quelques critiques, dont la plus sérieuse était de manquer de solidité; je ne suis pas obligé d'avoir une opinion sur ce sujet; et le Pont-des-Arts, comme tout autre lieu où je m'arrête, n'est pour moi qu'un théâtre; j'examine un moment la décoration, mais je fais sur-tout attention à la pièce et aux acteurs.

Mardi matin, le tems était superbe; j'étais sorti pour me promener et me distraire des pensées sombres où je me sentais entraîner; je cherchais un lieu dont le mouvement m'arrachât en quelque sorte à moi-même, et dans lequel je pusse échapper au présent, au milieu d'objets propres à réveiller dans mon esprit d'imposans souvenirs. Je m'arrêtai sur le Pont-des-Arts. Appuyé sur la balustrade de fer qui règne dans toute sa longueur, mes yeux se portèrent alternativement sur toutes les parties du vaste tableau dont j'étais environné.

Les Parisiens ont joui, depuis quelques années, du spectacle de plusieurs Panoramas représentant les villes les plus célèbres de l'Europe. Là, sous le chapiteau de tôle, le spectateur qui promène ses regards sur la toile circulaire où la peinture et l'optique ont combiné leurs merveilleux effets, se croit transporté dans le lieu même dont on lui présente l'image. Dans le grand nombre de ceux qui ont été admirer ce produit d'un art nouveau, quelques-uns, en passant sur le Pont-des-Arts, se sont-ils aperçus qu'ils avaient sous les yeux le plus beau Panorama de l'univers? En effet, où trouver ailleurs un tableau aussi riche de fond, aussi varié d'accessoires, animé de scènes aussi vives, de personnages aussi divers?

Le Louvre est le premier édifice sur lequel s'arrêtent ma vue et ma pensée : je songe à tous les princes qui l'ont habité, à tous les événemens dont il a été le théâtre, à tous ceux qui doivent s'y passer encore. Je détourne involontairement les yeux de cette fenêtre d'où l'on prétend (sans autre preuve, il est vrai, que l'éloquente exclamation de Mirabeau à la tribune de l'assemblée nationale) que Charles IX, armé d'une carabine, tira sur ses sujets protestans, dans l'exécrable journée de la St.-Barthélemi, dont le signal partit de cette église de St.-Germain-l'Auxerois dont j'aperçois le clocher.*

* L'Hermite se trompe, c'est de la tour de l'Hor-

Je songe en regardant ce palais de l'Institut, de l'autre côté de la rivière, qu'à cette même place existait encore en 1660, cette fameuse tour de Nesle qui servait d'entrée à l'hôtel de ce nom, habité successivement par plusieurs reines de France. La plus honteusement célèbre est cette Jeanne de Bourgogne, femme de Philippe V, dit *le Long*, laquelle, s'il faut en croire Brantôme, choisissait ses amans parmi les hommes qu'elle voyait passer sous les fenêtres de son boudoir, et leur faisait payer de leur vie leur bonne fortune. Le cardinal Mazarin, en 1661, fit bâtir sur l'emplacement de l'hôtel de Nesle le collége des Quatre-Nations, et après sa mort, Coyzevox éleva le mausolée du cardinal dans l'endroit même où, trois siècles avant une reine impudique avait eu son boudoir : cent cinquante ans après, les restes du cardinal ont été relégués dans une autre enceinte pour faire place au fauteuil du président de l'Institut. Quelle bizarrerie dans la destinée des choses humaines !

loge adjacente au Palais de Justice, à l'angle où se trouve le domicile de l'opticien Chevalier, qu'est parti le signal de la Saint-Barthélemi.

Non loin de là, sur le même côté, je vois ce magnifique *hôtel des Monnaies*, dont l'abbé Terray a posé la première pierre, sans pouvoir faire oublier aux Parisiens qu'*il suspendit les rescriptions*.

Cette pointe de l'île, où l'on construit en ce moment l'obélisque du Pont-Neuf, a vu périr dans les flammes le grand-maître des Templiers.* La statue équestre de Henri IV, élevée sur le même terrain, semblait avoir effacé ce cruel souvenir : la révolution l'a détruite ! On ne se souviendra pas aussi long-tems de la *Samaritaine*, quoique son carillon ait fait pendant plus d'un siècle, les délices des bons Parisiens. Ce monument, du plus mauvais goût, qui avait, entr'autres inconvéniens, celui d'interrompre un très-beau coup-d'œil, vient enfin de disparaître, et n'existera bientôt plus que dans la mémoire des habitans du quai de la Féraille.

En suivant le cours de la rivière, et reportant mes regards vers le Louvre, je suis cette galerie

---

* Quelques écrivains ont assigné la place Royale, comme le lieu du supplice du grand-maître ; plusieurs chevaliers furent brûlés sur cette place, mais l'exécution du grand-maître eut lieu à la pointe de l'île de la Cité.

immense qui conduit l'œil jusqu'au château des Tuileries; je prolonge dans toute sa longueur ce quai de la Conférence qui va se perdre aux Champs-Elysées, et permet à la vue de s'étendre jusque sur les hauteurs de Meudon.

Après avoir admiré le cadre de ce vaste tableau, j'observe avec plus de plaisir encore les nombreux personnages qui l'animent.

Le Pont-des-Arts est un point de réunion, entre les deux plus beaux quartiers de Paris; celui du Palais-Royal (dans lequel je comprends la Chaussée-d'Antin) et celui du faubourg Saint-Germain. Par cela même qu'il en coûte quelque chose pour passer sur ce pont, les gens qu'on y rencontre le plus habituellement n'appartiennent pas aux dernières classes du peuple, ou du moins sont au-dessus de la modique rétribution qu'on exige. Ce calcul n'a probablement pas échappé à ce *pauvre Francansalle*, qui vient chaque jour, enveloppé dans une couverture de laine, étaler en ce lieu sa misère : parmi les passans dont il cherche à émouvoir aujourd'hui la pitié, il en est encore quelques-uns qu'il a fait rire autrefois sous l'habit et le masque d'Arlequin, lorsqu'il exerçait cet emploi à la Comédie-Italienne : exemple trop commun du sort réservé au talent même dont une jeunesse imprévoyante n'a point assuré l'avenir.

L'ancien camarade de Carlin a pour compagnon d'infortune, sur le Pont-des-Arts, un vieillard aveugle, plus digne encore de compassion : cet honnête artisan, après quarante ans de travaux, d'économie, ou plutôt de privations, avait amassé le fonds d'une rente de cent écus qui l'aidait à supporter le malheur qu'il avait eu de perdre la vue depuis quelques années. La banqueroute de la maison dans laquelle il avait placé son petit pécule l'a privé de toute espèce de ressource ; son débiteur est allé *s'enterrer dans le château de sa femme*, et le pauvre créancier aveugle est venu s'établir sur le Pont-des-Arts, où il cherche, à l'aide d'une serinette, à appeler sur son infortune l'attention et la pitié des passans. Un jour, en lui faisant l'aumône, je lui donnai le conseil de s'approcher assez près du bureau de péage pour que les personnes qui viennent payer leur rétribution n'aient pas eu le tems de refermer leur bourse avant de passer devant lui : la charité est encore plus difficile à saisir que l'occasion, et la paresse est pour elle aussi à craindre que l'insensibilité.

A peu de distance de l'aveugle, et sur le même côté du pont, un physicien en plein vent a établi son cabinet, lequel se compose seulement de trois machines, dont l'une s'applique à la *statique*, l'autre à la *dynamique*, et la troisième à l'*optique*. Ses expériences se bornent à celles d'*une balance à cadran*, où quelques badauds vont s'assurer du poids de leurs corps; d'un *dynamomètre*, où d'autres vont essayer la force de leurs poignets; enfin, d'un *microscope*, où les curieux vont admirer la conformation de la peau, et les animalcules nageant dans une goutte de vinaigre. Si l'on ajoute à ces trois personnages, l'invalide boiteux et le buraliste bourgeonné, du côté du Louvre; le vétéran manchot et le receveur étique, du côté de l'Institut, on aura la liste exacte des personnes qui ont fait élection de domicile sur le Pont-des-Arts.

Parmi ces habitans, on pourrait compter ces habitués qui s'y rendent chaque jour de midi à deux heures, pour jouir à leur aise du spectacle innocent du passage d'un train de bois ou de l'arrivée d'un bateau de charbon. Au nombre de ces habitués du Pont-des-Arts, deux ou trois se font remarquer par une attitude de confiance et de supériorité qui indique le degré de considération dont ils jouissent parmi les autres. Le coude appuyé sur la balustrade, et la lunette de corne à la main, ils prononcent magistralement sur la hauteur de la rivière, sur l'adresse d'un chien qui nage, ou sur la couleur d'un chat qui se noie. Ces bonnes gens regardent la foule qui borde les quais, de cet œil dédaigneux qu'un élégant du balcon de l'Opéra laisse tomber sur le parterre.

Après ce léger examen des habitans et des habitués du Pont-des-Arts, je me suis amusé à observer les passans : parmi les plus matineux, j'ai remarqué ces cuisinières de bonnes maisons, connues dans la livrée sous le nom de *cordons-bleus*, et qui, trop paresseuses pour aller aux Halles, dédaignant les marchés bourgeois du faubourg Saint-Germain, vont faire leurs emplètes chez les marchands de comestibles du Palais-Royal, au risque de payer un tiers de plus des provisions qu'elles font payer le double à leurs maîtres. Viennent ensuite les employés de la rive droite, qui se rendent, en se promenant, à leurs bureaux, et dont quelques-uns profitent du passage du pont pour lire quelques pages du roman qu'ils ont en poche.

A dix heures, l'ouverture du Muséum attire une foule d'élèves en peinture, qui vont au Louvre étudier les grands modèles. La jeune fille, accompagnée de sa mère, et son *cartable* sous le bras, court y dessiner une tête de Raphaël ou du Titien, tandis que la maman, les pieds contre le poêle, et l'œil sur sa fille, emploiera le tems de la séance à broder une garniture de robe dont l'aimable élève a dessiné le feston.

Vers midi le pont est fréquenté par des garçons de caisse du quartier d'Antin, qui vont faire la recette chez les épiciers de la rue du Four, et chez les merciers de la rue de Thionville.

Au concours d'hommes de lettres et de savans qu'on y rencontre de deux à cinq heures, on s'aperçoit que le Pont-des-Arts est, en effet, le chemin de l'Institut. C'est principalement un jour d'élection que cette place est curieuse à observer. Les amis du plus habile candidat s'emparent des avenues, et attendent au passage l'académicien de leur connaissance, qu'ils ont l'air de rencontrer par hasard : il est si simple de parler de l'élection qui se prépare ! il est si naturel de faire valoir les titres d'un ami ! Peut-être serait-il plus généreux de ne pas déprécier ceux des autres concurrens ; mais l'amour de l'art a son enthousiasme, et l'amitié son excuse : à force d'importunité, on obtient une promesse, que celui qui la donne aura peut-être oublié à la descente du perron. Au moyen d'un cordon de communication qui s'établit du pont à la salle des séances, on est instruit de minute en minute de la marche de l'élection, dont le plus zélé des amis, qui n'est pas toujours le plus ingambe, court annoncer le résultat à celui qui s'y trouve le plus immédiatement intéressé. J'ai rarement passé sur le Pont-des-Arts, à cette heure du jour, sans y rencontrer un écrivain fameux dont la personne est aussi connue que les ouvrages, et qui semble faire partie de la ville de Paris, dont il a fait le *Tableau*. La singularité de ses opinions, que je me rappelle en le voyant passer, ne me fait guère moins rire aujourd'hui que ses drames ne m'ont fait pleurer dans ma jeunesse.

L'éclat du Pont-des-Arts tombe avec le jour : on y rencontre encore de loin en loin quelques amateurs qui se rendent au théâtre de l'Odéon, ou quelques écoliers qui retournent à leur chambre garnie de la rue de la Harpe, après avoir été se délasser aux Français des travaux d'une journée consacrée tout entière à l'étude.

N° CXIV. — 12 *mars* 1814.

QUELQUES VICES A LA MODE.

―

*Ætas parentum, pejor avis, tulit
Nos nequiores, mox daturos
Progeniem vitiosiorem.*
— HOR., od. 6, lib. 3.

Nos pères valaient moins que nos aïeux ; nous sommes plus méchans que nos pères, et nos fils vaudront encore moins que nous.

HORACE, comme on le voit par ces vers, ne croyait pas à *la perfectibilité*, mais bien à *l'imperfectibilité indéfinie* de la nature humaine. Je suis loin de citer cette boutade poétique inspirée par l'indignation du moment comme un axiome de morale : mais je ne suis pas étonné que ce paradoxe manichéen, aidé de quelques préjugés et d'une disposition d'esprit tant soit peu mélancolique, acquière chez certaines gens et à certaines époques, le crédit et le poids de la vérité. Je suis, pour mon compte, convaincu, autant qu'on puisse l'être de quelque chose dans ce monde, que l'homme est limité au moral comme au physique; que sa nature est inscrite (pour parler le langage des géomètres) dans un cercle plus ou moins vaste, mais dont il ne peut jamais sortir. Ses vertus, ses qualités, ses passions, ses vices ont, comme sa taille, des dimensions au-dessus et au-dessous desquelles il ne peut ni s'élever ni descendre : l'éducation, les lois, la morale doivent tendre à rendre l'homme meilleur qu'il n'est; le rêve de la philosophie est de vouloir le rendre meilleur qu'il ne peut l'être.

Plus j'étudie l'histoire des nations, et particulièrement celle de la nôtre, moins je remarque d'unité dans ce qu'on appelle le caractère particulier des différens peuples ; rien ne ressemble moins à un Français du règne de Charles VII, qu'un Français du règne de Henri III : chaque époque a ses vices, ses défauts, ses vertus même, et si l'on en excepte quelques-uns de ces grands traits nationaux que l'on peut regarder comme des productions du sol, et que l'on a même quelquefois beaucoup de peine à retrouver, le caractère du peuple français se modifie d'un règne à l'autre, de manière à n'être plus reconnaissable ; le bien et le mal s'y succèdent, s'y combinent comme au hasard ; la circonstance fait naître une vertu ; la mode accrédite un vice.

La franchise grossière, la valeur sans loyauté distinguent, non la personne, mais le règne d'Henri IV : l'intrigue caractérise celui de Louis XIII : elle prend un caractère moins noble et moins important pendant la minorité : elle s'appelle *la Fronde* ; un demi-siècle avant, elle fut appelée *la Ligue*. Louis XIV ramène en France le goût du luxe ; les grands hommes qui semblent s'être donné rendez-vous sous son règne, y font naître l'amour des lettres : l'orgueil et la dévotion sont à la mode ; le premier dégénère en ostentation, en étiquettes puériles ; l'autre en fanatisme et en hypocrisie. La Régence s'annonce, et le tableau change ; le désordre, la licence et la folie s'emparent de la scène ; la débauche se montre avec impudence ; c'est peu d'être libertin, le bon ton est d'être ou de mériter d'être *roué*. Dans le règne suivant, les nobles idées de patriotisme et d'indépendance semées, sans préparation, sur un sol ingrat, germent sans fruit, et sont étouffées par l'ivraie révolutionnaire; le peuple le plus doux et le plus policé de la terre en devient le plus féroce et le plus sauvage. Les horreurs de ces tems d'anarchie ont dû être et ont été en effet remplacées par des vices moins turbulens, par des travers plus paisibles : à des passions effrénées, qu'alimentait une exaltation hors de mesure, qui se manifestaient par des convulsions continuelles, ont succédé des vices sournois, que je compare à ces cendres tièdes que vomit encore le volcan qui vient de s'éteindre : *l'intrigue subalterne*, *l'envie* et *l'ingratitude* sont les vices qui me semblent caractériser plus particulièrement l'époque actuelle. Il faut y joindre la *gourmandise*, défaut grossier, que sa bassesse avait jusqu'ici préservé du scandale, et auquel il a fallu trouver un autre nom pour lui donner l'importance d'un vice.

La *gastronomie*, pour me servir du mot à la mode, est un art qui a maintenant ses règles, sa poétique et ses professeurs; des sociétés se sont vouées à son culte; des almanachs ont propagé la doctrine des *gastronomes*; les prosélytes se sont multipliés ; mais dans cette foule d'amateurs, tous n'ont pas le moyen de devenir artistes : un poète avait enseigné, avec autant de gaîté que d'esprit, *l'Art de Dîner chez Soi* ; un autre avec le même talent réduisit en préceptes, *l'Art de Dîner en Ville* ; et la science de la *gueule*, comme l'appelle *maître François*, fit des progrès infiniment honorables pour l'esprit humain.

Je voudrais bien pouvoir affirmer qu'une passion aussi peu noble, qu'un goût aussi matériel ne peut être que le partage des sots : malheureusement plusieurs gens d'esprits sont là pour me démentir, et tous prêts à me prouver, par leur exemple, que la gourmandise est une dixième Muse, et qu'à force de talent et de gaîté on peut faire écouter, sans trop de dégoût, l'éloge éternel de *la Panse*, et des plaisirs ineffables dont elle est le but et la source.

C'est faire, en quelque sorte, l'apologie de la gourmandise, que de parler ensuite de *l'ingratitude*. « L'ingrat * n'a qu'un vice (dit le

_____
* He that's ungrateful has no guilt but one
All others crimes may pass for virtues in him.

poëte Young) : *tous les autres lui peuvent être comptés pour des vertus.* » Après avoir signalé l'ingratitude comme la plus affreuse maladie du cœur humain, il est pénible d'ajouter qu'elle n'a peut-être jamais été plus commune, et qu'elle affecte de préférence les premières classes de la société. De son tems, Duclos ne connaissait que trois espèces d'ingrats : de nouvelles découvertes rendent, aujourd'hui, fort incomplet ce système de classification : comme à tous les grands maux, on a cru devoir appliquer à celui-là un remède violent, et je ne serais pas étonné de voir diminuer le nombre des ingrats, aux soins que l'on prend de diminuer celui des bienfaiteurs.

J'ai beaucoup réfléchi sur l'ingratitude, et j'ai fait, sur cette lèpre du cœur humain, des expériences aussi repoussantes et non moins pénibles que celles auxquelles se voue notre savant docteur Alibert, et dont il consigne les résultats dans son admirable ouvrage sur *les Maladies de la Peau*. Si je publie jamais une *Description de l'Ingratitude*, avec ou sans gravures, je la diviserai en trois grands chapitres : le premier traitera *de l'Oubli des Bienfaits* ; les citations se présenteront en foule ; le second *du Refus de rendre de bons offices à ceux dont on en a reçu*; j'aurai le choix entre un grand nombre d'exemples : le troisième, enfin, *des Services payés par des Persécutions*. Cet affreux penchant d'un cœur profondément corrompu, auquel il faudrait réserver le nom d'ingratitude, a été comparé, par Abbadie, à *un gouffre immonde qui absorbe sans retour tout ce que la pente de ses bords entraîne, et n'exhale qu'une odeur fétide.* Tout en convenant, pour l'honneur de l'humanité, que de pareilles monstruosités sont rares, je ne serai malheureusement pas embarrassé d'en prouver l'existence, et de produire quelques portraits dont chacun reconnaîtra les modèles.

N'est pas ingrat qui veut ; l'exercice de cette disposition perverse suppose le concours de deux personnes ; *l'envie* trouve en elle-même toutes ses ressources : La Motte a dit, avec esprit et vérité, que *l'envie était un hommage maladroit que l'infériorité rendait au mérite* ; je pourrais, néanmoins, citer, de nos jours, plus d'un homme supérieur qui n'en est pas exempt ; de même qu'en contradiction avec l'opinion générale, qui se figure l'Envie sous des traits décharnés, avec un *teint pâle et livide*, je pourrais la montrer et la faire connaître sous un masque de franchise, avec un visage joufflu et coloré : on ne maigrit pas toujours du mal qu'on fait, ni même de celui qu'on veut faire; l'espérance vous soutient.

On ne peut pas exiger que les hommes soient des anges; que celui qui n'a rien porte envie à celui qui a beaucoup, ce sentiment naturel a quelque chose d'excusable; il ne devient un vice hideux, il ne prend le nom d'*envie* que lorsqu'il se joint au besoin de nuire, dont il est malheureusement très-voisin.

L'envie est un puissant véhicule qui donne une sorte d'esprit aux gens les plus médiocres: cet esprit est celui de *l'intrigue*; on pourrait s'étonner des progrès qu'il a faits depuis quelque tems, si l'on ne remarquait pas qu'il conduit à tout. Les intrigans composent, aujourd'hui, non pas un *corps franc*, mais une phalange militairement organisée : elle a ses chefs, ses grenadiers, ses soldats, ses tirailleurs, ses éclaireurs; on y passe successivement de grade en grade, et l'avancement est la récompense des services rendus. S'agit-il d'un coup de main, on se présente en face; le péril est-il trop imminent, on fait une honnête retraite; au besoin même, on se disperse : mais, au premier moment favorable, on se met de nouveau en campagne, et, presque toujours, sans combats, à force de manœuvres, on finit par atteindre son but.

Un de mes amis, qui a souvent eu l'occasion d'observer cette tactique, a formé le projet de l'attaquer par le ridicule; le théâtre est son champ de bataille : il m'a communiqué son plan; l'idée m'en a paru plaisante. Sa pièce est intitulée : *La Fabrique des Réputations*; l'entrepreneur est un homme dont tout le talent consiste à savoir que trente-neuf et un font quarante : on ne se fait pas d'idée de tout le parti qu'il a su tirer de cette découverte au profit des autres; en attendant qu'il en fasse le sien. Cet habile fabricant n'a trouvé qu'un moyen de se faire une réputation, c'est de travailler à celle des autres : il a sous ses ordres des ouvriers, des commis, des facteurs qui ont chacun leurs attributions particulières, et un intérêt dans l'entreprise, en raison, non du capital qu'ils versent, mais des services qu'ils peuvent rendre. Ces Messieurs se proposent d'entreprendre tous les genres de réputations; mais ils n'excellent encore que dans les réputations littéraires, et l'on en cite plusieurs qui leur font un honneur infini. Une des scènes les plus piquantes de l'ouvrage est celle où un candidat se présente chez l'Entrepreneur, pour traiter avec lui d'une réputation. J'en transcris ici quelques lignes avec la permission de l'auteur.

L'ENTREPRENEUR.

Mille excuses, Monsieur, de vous avoir fait attendre; mais dans notre état, on n'est pas le maître de ses momens : de quoi s'agit-il?

LE CANDIDAT.

Je voudrais que vous me fissiez une petite réputation.

L'ENTREPRENEUR.

Le moment n'est pas favorable; nous avons des *commandes* pour plus de deux ans, sans compter les réputations qui sont sur le métier.

LE CANDIDAT.

Je vous apporte une lettre de M. Francœur, votre associé.

L'ENTREPRENEUR (*après avoir lu la lettre*).

C'est fort bien! il me dit que vous fréquentez les spectacles; que vous vous y décharnez contre les ouvrages dont il vous a donné la liste.

LE CANDIDAT.

Il aurait dû ajouter que j'ai fait aller votre dernière pièce jusqu'à la fin; que j'ai péroré dans les cafés en faveur du musicien que vous protégez; que j'ai fait acheter dix exemplaires de l'ouvrage de M. Pathos, votre teneur de livres, afin qu'il ne soit pas dit qu'il n'y en a pas un seul de vendu.

L'ENTREPRENEUR.

A merveille! je ferai quelque chose pour vous; mais, voyons: quels sont vos projets?

LE CANDIDAT.

Monsieur, j'ai quarante-cinq ans; je voudrais commencer à me faire connaître dans les lettres :

j'ai essayé plusieurs genres ; le théâtre est celui qui me convient le mieux, et je voudrais me faire une petite réputation comique.

L'ENTREPRENEUR.

Impossible ! la foule est là ; et moi qui vous parle, pour qui l'on travaille jour et nuit depuis dix ans, je ne suis pas encore sûr d'obtenir ce que vous demandez. Choisissez autre chose ; la poésie descriptive, par exemple !

LE CANDIDAT.

Après Delille ! je n'oserai jamais ; je ne suis pas assez fort.

L'ENTREPRENEUR.

Assez fin, dites donc : aimez-vous mieux l'*histoire* ?

LE CANDIDAT.

C'est un genre bien difficile, qui demande tant de connaissances, de profondeur dans les idées, une critique si vaste, une impartialité si grande !

L'ENTREPRENEUR.

Pour faire un historien, soit ; mais pour en

avoir le titre et les prérogatives, c'est autre chose, et c'est mon affaire : j'ai fait une réputation dans ce genre, dont personne ne se serait douté. Il est vrai qu'elle m'a donné beaucoup de mal, et qu'elle a coûté cher; les collections du *Moniteur* sont hors de prix. J'ai encore à vous offrir une réputation de grammairien qui ne tardera pas à vaquer.

LE CANDIDAT.

Quoique je ne sache ni le latin ni le grec, celle-là me conviendrait assez : mais je n'ai rien écrit dans ce genre.

L'ENTREPRENEUR.

Eh bien! je connais un ouvrage tout fait, que vous aurez à bon marché, et auquel il vous suffira d'ajouter quelques notes que vous trouverez dans Port-Royal.

LE CANDIDAT.

Je l'achète, au prix que vous y mettrez vous-même.

L'ENTREPRENEUR.

C'est une chose convenue : je me charge de

faire rendre compte dans les journaux de la *huitième édition* de votre ouvrage ; je le fais recevoir dans les lycées au nombre des livres classiques ; dans trois mois je vous expédie votre patente *de juré peseur de diphtongues*; et dans un an tout au plus...... Vous m'entendez : jusque-là, prudence activité et dévouement sans bornes.

N° CXV. — 12 mars 1814.

LES NOUVELLISTES.

Pereant qui nostra ante nos dixerunt.
PROV. LAT.

Le diable emporte ceux qui ont déjà débité nos nouvelles !

Scire tuum nihil est, nisi te scire hoc sciat alter.
PERSE, Sat. 1.

Savoir une chose n'est rien pour toi ; le point essentiel est qu'un autre sache que tu la sais.

C'est une des plus bizarres et des plus générales dispositions de l'esprit humain que cette sorte d'inquiétude d'où naît le besoin d'apprendre et de répandre des nouvelles :

Est natura hominum novitatis avida. *

Je me rappelle avoir entendu dire au plus noble comme au plus célèbre des aventuriers du dernier siècle : « Il me faut des événemens, bons ou mauvais, n'importe ; je ne me couche content que lorsque je le suis de la Gazette. »

* La nature humaine est avide de nouveautés.

Combien de gens, avec la même bonne-foi, pourraient faire le même aveu! Cette curiosité, sans but et presque toujours sans profit, exaltée chez quelques-uns jusqu'à l'état de manie habituel, constitue l'espèce des *Nouvellistes*, que l'on doit, pour mieux s'entendre, diviser en trois familles : *les Nouvellistes de jardin*, *les Nouvellistes de café* et *les Nouvellistes de salon*.

La première, dont le célèbre *Metra* et l'abbé *Trente-Mille-Hommes* étaient autrefois les prototypes, s'occupe exclusivement des affaires politiques.

La seconde embrasse la politique, la littérature et les nouvelles du quartier. La troisième est celle des Nouvellistes par excellence ; tout est de son ressort, et sa juridiction est sans limites.

Parmi les nombreux successeurs des deux habiles *Cracovistes* que j'ai cités plus haut, on distingue aujourd'hui l'infatigable Rigolet. Dès sept heures du matin, il est sur pied; après avoir questionné sa laitière sur la force et la marche de l'ennemi, il court attendre aux Tuileries la loueuse de journaux, et les lit tous d'un bout à l'autre ; le plus souvent sans s'apercevoir qu'ils répètent textuellement *le*

Moniteur qu'il a lu la veille. Il va passer ensuite une ou deux heures sur la place du Carousel pour guetter l'arrivée des courriers : au galop du cheval, à l'attitude de celui qui le monte, il a deviné la nature des dépêches, dont il parlera, dans un moment, avec autant d'assurance que si elles lui avaient été communiquées. Un bruit sourd a frappé son oreille exercée ; c'est le canon des Invalides ; il s'applaudit du vent contraire qui permet à peine de l'entendre, et qui lui laisse l'espoir de raconter, comme une nouvelle particulière, la victoire que ce signal annonce. Il va prendre langue sur le boulevart Italien avec deux autres profonds politiques qui s'y donnent chaque jour rendez-vous à la même heure. On se recorde sur les faits principaux que l'on doit mettre en circulation dans la journée ; et pour éviter les bévues géographiques où ces Messieurs sont déjà tombés plusieurs fois, ils ont soin de consulter une de ces cartes du théâtre de la guerre que les marchands d'estampes exposent sur la voie publique. La foule s'assemble autour d'eux, et Rigolet, un curedent à la main et ses lunettes sur les yeux, n'en continue pas moins à leur indiquer les points que les armées occupent, et la position que chacune doit prendre pour éviter une défaite infaillible. J'ai été témoin, il y a quelques jours, d'une de ces dispositions militaires, et je me suis permis de faire observer au général Rigolet qu'il mettait son armée en bataille sur une rivière, qu'il prenait pour une grande route. La récolte faite, et la mémoire bien chargée de noms de villes, de villages, de corps d'armées et de généraux, qu'ils ne manqueront pas d'estropier et de confondre, nos trois nouvellistes en chef se séparent et se rendent, l'un au Luxembourg, l'autre au Palais-Royal, et le troisième aux Tuileries. Ce dernier poste, le plus important des trois, est confié à l'infatigable Rigolet. Vers deux heures, quelque tems qu'il fasse, on est sûr de le trouver à la Petite-Provence, au milieu d'un cercle de vieux politiques, discourant à perte de vue et de raison sur les intérêts des puissances, sur les cosaques, les alliés, les levées en masse, et figurant sur le sable, avec sa canne à parapluie, les dispositions d'une bataille qui doit se donner sous peu de jours, et dont il est homme à vous annoncer d'avance le nombre des prisonniers, des blessés et des morts. Quelque respect que l'on ait pour ses décisions, la discussion s'établit quelquefois sur l'authenticité des faits qu'il avance ; rien de plus amusant alors que le ton de supériorité qu'il affecte, et l'air fin et mystérieux avec lequel il montre le timbre d'une lettre de son gendre l'inspecteur des vivres, « qui pourrait bien (ajoute-t-il avec un sourire où l'orgueil se mêle à l'ironie) savoir ce qui se passe à l'armée qu'il nourrit. » Pour peu qu'une semblable autorité n'impose pas immédiatement silence au contradicteur, le président Rigolet remet ses lunettes dans leur étui, salue froidement l'assemblée et lève la séance au grand déplaisir des gobes-mouches politiques qui l'écoutaient l'oreille tendue et la bouche béante.

Avant de rentrer chez lui, où l'heure du dîner l'appelle, il ne manque jamais de passer à la bourse pour s'informer du taux de la *rente* et des *actions*, où il trouve toujours, quel qu'en soit le mouvement, une preuve en faveur de ses nouvelles, une base à l'appui de ses conjectures.

« Le hasard m'a conduit, la semaine dernière, dans un café situé au bas du Pont-Neuf, où je n'étais jamais entré : (je dois le dire à ma honte, moi, qui par état moins encore que par goût, ai la prétention de connaître Paris pour le moins aussi bien que feu Hurtaud le lexicographe, dont le Dictionnaire, quoi qu'en ait pu dire Louis XV, *est un inventaire* fort incomplet *de cette capitale*) ; le café *Manoury* (c'est ainsi qu'il se nomme) a conservé quelque chose de gothique qui ne pouvait frapper agréablement qu'un homme de mon âge ; on n'y voit briller ni le bronze doré ni le cristal ; au lieu de guéridons en granit, en acajou, de larges tables de noyer à pied de biche et à dessus de marbre rouge, de bonnes banquettes de tapisseries d'Arras, meublent comme autrefois l'intérieur de la salle ; le comptoir est occupé par un gros homme dont l'adresse à casser du sucre ne suppose guère moins de quarante ans d'exercice. D'excellent café qu'on me servit avec beaucoup de politesse, dans des tasses dont l'épaisseur ne réduisait pas la capacité d'un bon tiers, acheva de me reporter aux jours de ma jeunesse, et les gens qui m'entouraient contribuèrent à prolonger cette douce illusion. Je crus un moment que tous les vieux politiques de l'ancien arbre de Cracovie, de la grande allée du Palais-Royal et de l'antre de Procope, s'étaient donné rendez-vous au café Manoury, où je reconnus, à ma grande surprise, les originaux de trois petits dessins que j'avais achetés la veille chez Martinet.

J'étais las d'entendre déraisonner sur la guerre; je quittai le coin des politiques pour m'approcher d'une table où cinq personnes en écoutaient une sixième avec un intérêt de curiosité qui se peignait sur les figures en traits plus ou moins comiques : l'orateur-nouvelliste était un marchand fourreur de la rue Bertin-Poirée ; avant qu'un de mes voisins m'en eût instruit, j'avais deviné son état à l'inspection de son witchourat de velours de coton, doublé d'une vieille fourrure de renard bleue, et d'un petit manchon de martre zibeline que le camphre disputait aux vers depuis cinquante ans au moins. Ce nouvelliste de quartier raconta sans s'interrompre (et sans autre transition que les mots, *vous me faites souvenir*, adressés à des gens qui n'avaient pas ouvert la bouche) l'accident d'un de ses locataires qui venait de mourir asphixié par la vapeur du charbon ; l'aventure de nuit arrivée la veille dans une maison de la rue de la Monnaie, dont le locataire principal, revenant de faire sa partie de dames au café Conti, avait pris pour un voleur, et fait arrêter par la garde, un jeune garçon marchand du voisinage qui était venu présenter un mémoire à sa femme.

Notre fourreur entretient ensuite sa petite assemblée de l'organisation de la garde nationale, où il venait d'être promu au grade de sergent ; d'une saisie faite chez une jeune personne qui avait meublé un appartement à crédit, sur la promesse d'un lieutenant de chasseurs ; de la faillite d'un petit faïencier de la rue des Poulies, dont le bilan déposé montait à près de mille écus ; d'un duel à coups de poings entre deux porteurs d'eau ; d'un terne gagné à la loterie ; et finalement, du sermon qu'un chanoine de Notre-Dame devait prêcher à Saint-Germain-l'Auxerrois le jour de *la Passion*.

Laissons ce nouvelliste bourgeois, dont le comérage insipide a trop long-tems alimenté notre théâtre, et signalons, dans ce genre, un personnage plus important ; tous mes lecteurs ont déjà nommé Cléon. C'est l'homme de la nature la plus communicative qui soit peut-être au monde : le plaisir d'apprendre et d'annoncer quelque chose de nouveau, est à ses yeux, le plus vif que puisse goûter une créature raisonnable ; il écrit vingt billets par jour, court d'antichambre en antichambre, de toilette en toilette : il va des Tuileries à la bourse, de la bourse au café Tortoni, et fait plus de bruit le soir, dans un salon, avec les nouvelles qu'il a recueillies dans ses courses, que les crieurs publics annonçant deux victoires. Semblables à certain quadrupède, avec lequel il a d'ailleurs quelque analogie de voix et d'oreilles, il fait aliment de tout,

Et broute également le chardon et la rose.

Il n'y a de mal pour lui que les choses que vous savez, et de bien que celles qu'il peut vous apprendre. Il vous annonce avec le même plaisir que la famine ravage une province, ou qu'une abondance extraordinaire vient de l'enrichir ; que Lima est englouti par un tremblement de terre, ou qu'on a découvert de nouvelles régions dans l'Océanique ; il vous apporte, avec le même empressement, la nouvelle que votre fille unique est heureusement accouchée, ou que votre fils a été blessé dans la dernière affaire. Il ne manque jamais la représentation d'une pièce nouvelle, et sort avant la fin, pour être le premier à en publier le succès ou la chute. A-t-il épuisé les nouvelles les plus importantes, à l'appui desquelles il a toujours quelques lettres à produire ? Cléon entame le chapitre des anecdotes. Madame N*** doit aller prendre les eaux, pour un mal dont son médecin lui-même n'a pas la confidence. — Une intrigue de cour (dont il était l'instrument sans s'en douter) vient d'affubler une femme charmante d'un ridicule ineffaçable. — Un homme de lettres lui a communiqué, sous le secret, une satire à la Juvénal, dont lui, Cléon, a fourni les traits principaux. — Une danseuse célèbre a changé, depuis hier, le chiffre de sa voiture : on craint qu'elle ne finisse par y substituer un numéro. — Une femme a mis au monde un enfant à quatre mains dans la maison où vient de mourir un fameux critique, etc., etc.... »

Après les nouvelles publiques, celles dont Cléon trafique le plus volontiers, ont pour objet l'honneur des femmes ; en trois soirées, ce cosaque de salons trouvera le moyen de flétrir impitoyablement la vertu de trente mères de famille.

Mais à défaut d'autres victimes, cet intrépide nouvelliste est homme à se dévouer lui-même à vous raconter les bons tours que lui joue sa femme, les raisons qui le déterminent à presser le mariage de sa fille, et l'indiscrétion qui lui a fait perdre son meilleur ami ; enfin l'idée de sa propre mort n'aurait rien d'affligeant pour lui, s'il pouvait imaginer un moyen d'en colporter lui-même la triste nouvelle.

Ce caractère de nouvelliste, qui n'a point encore été mis sur notre théâtre, se trouve esquissé dans l'excellente comédie de l'orateur anglais Sheridan (*School for Scandal*). Dans cette pièce, deux Nouvellistes racontent aux amis d'un mari trompé, que celui-ci, au lieu de se faire payer par la loi son déshonneur conjugal s'est battu en duel avec le favori de sa femme : le fait est sûr ; tous deux l'attestent ; mais l'un croit que l'affaire s'est vidée à l'épée ; l'autre plus hardi soutient qu'elle s'est décidée au pistolet. Il en donne pour preuve les détails du combat qui s'est passé dans une chambre. « Le mari a reçu le coup de son adversaire au milieu du thorax, tandis que sa balle, moins bien ajustée, après avoir frappé, derrière l'amant, une petite statue en bronze de Shakespeare, est sorti par la fenêtre, et est allé blesser le facteur qui apportait une lettre de Northampton. » Ces Messieurs n'avaient fait qu'une légère méprise; le combat n'avait eu lieu d'aucune manière. Il fallut bien en croire le mari qui l'assurait lui-même, en adressant aux nouvellistes de *l'Ecole de Médisance*, ce vers de notre *Menteur :*

Les gens que vous tuez se portent assez bien.

N° CXVI. — 26 *mars* 1814.

PROJET DE JOURNAL

—

— Injuria
Suspiciones, inimicitiæ, induciæ,
Bellum, pax rursum. —
TÉRENT., *Eun.*, act. ?.
Rebuts, soupçons, débats, trêve, guerre nouvelle.
Et puis nouvelle paix. —

Mon Dieu ! qu'on a de peine à vivre en paix dans ce monde ! Hobbes a raison, « c'est un état de guerre continuelle ; l'on vous y dispute, l'épée à la main, jusqu'au petit coin de terre où vous préparez votre sépulture ! » C'est une triste propriété qu'un grand âge ; c'est, du peu que je possède, ce dont je me dessaisirais le plus volontiers. Cependant on m'assure qu'un confrère (de l'ordre des *Moindres*, à en juger par son travail) a pris la peine d'écrire une brochure d'une centaine de pages, pour contester la date de mon baptistaire. Cet *hermite de faubourg*, qui ne veut pas absolument que je sois né en 1741, vient avec une charité très-peu chrétienne, me saisir dans ma cellule; il me traduit en public pour avoir à répondre sur le fait de contradictions, d'erreurs de date dont il me prétend atteint et convaincu, sans vouloir y trouver la preuve et l'excuse d'un cerveau que les années ont affaibli. Quel démon s'est emparé du saint homme? Pourquoi vient-il élever cellule contre cellule, et pourquoi cherche-t-il à affaiblir l'autorité de mes sermons dans l'esprit des fidèles que je catéchise du mieux qu'il m'est possible?

Dans le *Factum* que le cher confrère a publié contre moi (et dont il a paru, dans le *Journal de Paris*, une réfutation d'autant plus péremptoire qu'elle est plus spirituelle), dans ce *Factum*, dis-je, il est bien prouvé que dans le cours de mes observations sur les *mœurs françaises*, je me suis trompé sur des faits de la plus haute importance; tels que *la création du régiment de Savoie-Carignan*, *l'invention du jeu de trente et un*, etc. On a tant de peine à arracher de la bouche d'un auteur l'aveu de sa faute, et je suis si convaincu de l'intérêt que prend le public à savoir au juste l'époque où fut créé le régiment de Savoie-Carignan, que je me refuse avec peine à l'envie de compulser une vingtaine de volumes de l'ancien *Almanach Militaire* pour justifier mon dire, et que je passe à regret condamnation sur un reproche aussi grave. Cette concession me coûterait moins, je l'avoue, si mon adversaire triomphait avec plus de modestie, s'il se complaisait moins à étaler, à mes dépens, tous les trésors d'une mémoire meublée de si belles choses. Pour tant d'avis, je ne donnerai qu'un conseil à mon vieux confrère : c'est de chercher dans ses *Souvenirs* quelque ouvrage plus piquant à imiter que celui de don *Pablo de la Rocca*. Cet écrivain espagnol publia, dans le dernier siècle, un gros volume où il s'évertuait à prouver « que Lesage s'est plu à imaginer une fable absurde, qui contrarie à chaque page l'ordre chronologique des événemens des règnes de Philippe II et de Philippe III; qu'aucun biographe n'a fait mention des actions et des discours qu'il prête au duc de Lerme, et qu'enfin il s'est assuré qu'il n'y avait jamais eu à Valladolid de médecin du nom de *Sangrado* »; d'où le bon Castillan conclut que *Gilblas* est un mauvais ouvrage. Don Pablo n'a persuadé personne; mais enfin il a fait ce qu'il a pu; il faut lui savoir gré de l'intention.

Il y a loin de moi à Lesage, et de Gilblas à l'Hermite de la Chaussée-d'Antin; mais aussi, par compensation, mon adversaire est moins redoutable et moins célèbre que le critique espagnol. Je puis donc espérer que son pamphlet ne tuera pas mon livre, et j'en viens à mon texte.

L'habitude que j'ai prise de mettre sous les yeux de mes lecteurs les observations dont je me suis plus spécialement occupé dans le cours de la semaine, me conduit tout naturellement et sans quitter le champ de la critique, à parler d'un genre d'ouvrage qui constitue à lui seul (j'ai honte d'en faire l'aveu) la plus grande partie de notre littérature actuelle.

Voilà bientôt soixante ans que je lis des *journaux* : je les ai vus, de loin en loin, rédigés par des hommes d'un talent véritable; cependant aucun, à aucune époque, ne m'a donné l'idée de la manière dont je me figure que ces ouvrages périodiques devraient être faits.

Voltaire (qu'il faut toujours citer, quelque erreur qu'on veuille combattre, quelque vérité qu'on veuille établir) est, de tous ceux qui ont écrit sur cette matière, celui qui a le mieux senti le mérite d'un bon journal, et qui a le mieux fait connaître les élémens dont il doit se composer. Ses *Conseils à un journaliste* sont un monument de goût, d'esprit et de raison : faut-il en conclure que si Voltaire eût fait un journal, nous aurions de lui le précepte et l'exemple ? Je n'oserais l'affirmer ; Voltaire avait souvent besoin de réflexion pour être juste, et la chaleur de son premier mouvement ne s'accordait guère avec cette impartialité dont il fait, ainsi que Diderot, la première vertu d'un journaliste.

Quelques lignes que ce dernier a publiées sur les devoirs de cette classe d'écrivains, passaient pour une satire amère des journalistes de son tems ; ces réflexions ne seraient, de nos jours, qu'une critique modérée des honteux abus qui corrompent et alimentent cette branche de littérature, dont la stérile exubérance a desséché toutes les autres.

Il faut être juste, cependant; Voltaire et Diderot, en écrivant sur ce sujet, d'une manière trop spéculative, n'ont pas assez réfléchi qu'un journal est à-la-fois une entreprise littéraire et commerciale; que l'avantage des lettres et des sciences, n'est tout au plus, pour les entrepreneurs, qu'un but accessoire, et que le registre de leurs abonnés est le volume de leur bibliothèque qu'ils consultent le plus souvent. On fait, ou du moins on a l'intention de faire un livre pour la postérité; c'est pour les contemporains que l'on fait un journal; c'est donc le goût du jour qu'il faut consulter, c'est le préjugé, l'erreur du moment qu'il faut caresser ou combattre; c'est en présence de l'événement qu'il faut avoir une opinion; et pour comble de difficulté, c'est sous l'influence de l'amour-propre et de l'intérêt personnel qu'il faut presque toujours écrire.

L'état, d'autres diraient le métier, de journaliste est l'objet du mépris de beaucoup de gens, dont quelques-uns prodiguent trop facilement leurs richesses, et qui ne se lassent pas de répéter qu'*un journaliste est un homme qui resterait sans rien faire si les autres se reposaient.* Cette plaisanterie, si c'en est une, peut s'appliquer à cent autres professions. Voltaire est si loin de borner les fonctions de cette espèce de critique au talent de rendre compte des ouvrages des autres, qu'*aux qualités qu'il exige d'un journaliste,* on pourrait douter qu'*il y eût beaucoup de savans dignes de faire un journal.*

Maintenir les droits du bon goût, propager les saines doctrines, encourager le mérite modeste, mettre en lumière des beautés nouvelles, s'opposer à l'invasion des barbares dont l'empire des lettres est de nouveau menacé, faire une guerre continuelle à la sottise, à la présomption, aux préjugés de toute espèce, tel est le devoir, tel est l'engagement d'un journaliste : de pareilles fonctions pour être nobles, n'ont besoin que d'être exercées noblement.

La mauvaise foi, si haïssable dans toutes les conditions de la vie, est ce qu'il y a de plus odieux dans le caractère d'un écrivain qui a le pouvoir de devancer et la prétention de diriger l'opinion publique; ce vice est malheureusement celui qui domine dans la littérature des journaux. L'opinion qu'on énonce sur un ouvrage, n'est presque jamais que l'expression du sentiment que l'on porte à l'auteur.

Ce serait, j'en conviens, exiger d'un journaliste plus qu'on n'a droit d'attendre d'un homme, que de vouloir qu'en toutes circonstances il sacrifiât entièrement ses affections ou même ses ressentimens à ses devoirs; qu'il jugeât avec une rigoureuse impartialité l'ouvrage d'un ami, d'un bienfaiteur, ou celui d'un ennemi déclaré; mais ces concessions ne devraient-elles pas, en toutes circonstances, avoir pour bornes le respect que l'on doit au public et celui que l'on se doit à soi-même?

Les réflexions que je fais-là, je les adressais, il n'y a pas long-tems, à un homme de lettres qui me communiquait le projet qu'il avait formé de publier un nouveau journal. Nous étions à-peu-près d'accord sur les principes, mais nous disputâmes quand il fut question du plan qu'ils se proposait de suivre et du choix des collaborateurs qu'il désirait s'adjoindre.

« Je veux faire un journal de parti, me dit-il franchement; il n'y a que ceux-là qui réussissent ; l'important est de prendre le bon : or, le bon est incontestablement, dans ce cas, celui qui promet un plus grand nombre de lecteurs. Quand je consacre chaque jour, en déjeûnant, une heure de mon tems à causer avec quelqu'un, je ne vais pas choisir un indifférent qui me contredit et me fatigue en cherchant à me prouver ce que je suis résolu à ne pas croire : j'invite l'ami qui m'amuse, qui partage mes goûts, et me fournit de nouvelles raisons pour persister dans l'opinion que je me suis faite. Mon journal aura donc, ce que nous appelons de *la couleur* : je ne suis pas encore bien décidé sur la teinte ; mais elle sera tranchante, et de nature à se voir de loin.

» Quant à mes collaborateurs, j'ai composé un petit manuel à leur usage, où je leur donne pour instructions générales :

» 1°. D'écrire pour le public, c'est-à-dire pour les abonnés, et non pour leur coterie particulière.

» 2°. De ne prôner un mauvais ouvrage, et de n'en dénigrer un bon, qu'autant qu'il s'agirait, pour le rédacteur lui-même, ou pour son ami le plus intime, d'une place lucrative ou d'une chaire dans quelque grand collége.

3°. De ne jamais faire plus de deux articles sur un même livre, quelque parfait, ou quelque ridicule qu'il soit, parce que le lecteur ne doit pas être obligé de se souvenir de ce que vous lui avez dit pour prendre intérêt à ce que vous lui dites.

» 4°. A propos d'un recueil de chansons, de ne point commencer comme l'*Intimé* :

Avant la naissance du monde.

et de se contenter, en parlant du vaudeville de la veille, de remonter aux Trouvères et aux Troubadours.

» 5°. De se borner, en fait de théâtre, à parler des pièces nouvelles, des reprises, des débuts, des rentrées d'acteurs, et tout au plus de quelques représentations brillantes, à moins d'avoir assez de courage, de vogue et d'impudence pour entreprendre de prouver que Molière est très-inférieur à Aristophane, ou que Schiller l'emporte sur Racine. Un peu de scandale a son mérite; mais il faut être de force à soutenir la gageure, et *s'être fait un front qui ne rougisse jamais* : cette espèce de rédacteur est fort chère; j'en marchande un auquel il ne manque que de savoir l'orthographe.

» Je n'avais besoin que de trois collaborateurs; j'ai eu le choix entre cinquante qui tous ont heureusement fait leurs preuves; ce qui m'a permis de les refuser en connaissance de cause.

» Vous vous doutez bien que je n'ai point accepté les services du pesant Merinval, dont les articles de plomb sont autant de thèses pleines de raison, de savoir et d'ennui.

» Je n'ai pris qu'un engagement conditionnel avec ce Blainville, qui a trouvé le secret, avec de l'esprit, du goût et des connaissances, de faire de sa signature un épouvantail pour ses lecteurs. Sa phrase, comme il le dit lui-même, est forte de choses, mais de choses si vraies, si connues, si incontestables, qu'on est toujours tenté de lui dire : « Apprends-moi ce que j'ignore, ou prouve-moi ce dont il est permis de douter. »

J'ai refusé plus positivement les offres de Saint-Léon; celui-ci vise à la légèreté, à l'esprit, à la malice; mais il badine avec si peu de grâce; ses éternelles plaisanteries roulent sur un si petit pivot, tournent dans un si petit cercle ! Ce n'est point un papillon qui voltige, c'est une phalène qui bourdonne.

» Mes associés sont : le piquant Dermont ; il sait beaucoup, et possède au plus haut degré le talent de mettre la science à la portée du plus grand nombre des lecteurs. Entre ses mains, la critique est un aiguillon, et non pas un poignard ; l'érudition est un flambeau, et non pas une massue.

» Durval joint à beaucoup d'esprit et de gaîté naturelle, de la facilité dans le travail, de l'élégance dans l'expression ; l'ironie, dont il fait peut-être un trop fréquent usage, est toujours assaisonnée d'un sel attique qui en tempère l'amertume.

» Les arts auront dans Forlis un censeur ingénieux et un digne interprète. Il ne grossira pas ses articles de citations de Vitruve, de Winkelman, du père Martini ; il n'entassera pas les termes techniques de manière à se rendre inintelligible, pour se donner l'air savant ; il parlera en amateur éclairé, et pour être neuf, sans cesser d'être juste, il ne vantera pas les artistes étrangers aux dépens de ses compapatriotes, et ne cherchera pas à nous prouver

Que c'est du Nord que nous vient la lumière.

Nous nous ferons une loi de dire la vérité le plus souvent possible ; mais il nous arrivera plus d'une fois de préférer une hérésie piquante à une proposition platement orthodoxe. Diderot n'a fait qu'un mauvais jeu de mots, en disant qu'*un journaliste plaisant était un plaisant journaliste*. Le premier but d'un journal est d'amuser ; et si le premier devoir d'un journaliste est d'être vrai, c'est que l'intérêt et la gaîté ne se trouvent presque jamais avec le mensonge. »

N° CXVI. — 9 *avril* 1814.

LA PRISE DE PARIS.

Consulere patriæ, parcere afflictis, fera
Cæde abstinere, tempus atque iræ dare,
Orbi quietem, seculo pacem suo,
Hæc summa virtus.
SENEC., *Octav.*

Donner des lois à son pays, soulager les peuples, ménager le sang des hommes, dompter sa colère, donner le repos au monde, la paix à son siècle, telle est, pour un roi, la suprême vertu.

« Il y a, disait Fontenelle, des mots qui hurlent de surprise et d'effroi de se trouver unis ensemble; » tels sont ceux qui forment le titre de ce Discours : *la Prise de Paris !* comment, pourquoi, par qui cette capitale a-t-elle été prise? Montesquieu n'a-t-il pas fait l'observation que par un bonheur admirable, elle se trouvait située de la manière la plus avantageuse pour sa sûreté particulière et pour celle de la France ? N'avions-nous pas deux lignes de places fortes, des montagnes inaccessibles et la mer pour en défendre les approches ? de braves, de nombreuses légions pour la couvrir ? Quelle puissance de l'Europe a pu lever tant d'obstacles et se frayer un chemin jusque dans les murs de Paris ? L'Europe entière. Quelle cause a produit un pareil effet? La folle ambition d'un seul homme.

C'est à l'histoire qu'il appartient de rechercher les crimes, de publier les fautes qui ont amené un si grand désastre; de dérouler, pour l'instruction des peuples et des siècles, le tableau révoltant de la tyrannie qui a pesé douze ans sur la France, et dont les excès déplorables étaient peut-être nécessaires à l'accomplissement des seuls vœux que pussent former les cœurs vraiment français; le rétablissement du trône des lis, la restauration de la famille d'Henri IV, et la garantie solennelle de voir à l'ombre des lois refleurir la liberté publique. Ma vie est trop avancée, mes forces sont trop affaiblies pour que j'ose entreprendre l'esquisse d'une aussi vaste peinture ; j'assemble au hasard quelques matériaux ; des mains plus fermes, plus habiles, éléveront l'édifice.

J'ai beaucoup vécu, et j'ai, moins qu'un autre, peut-être, à me féliciter de cette faveur. L'égoïsme, ce vice odieux, dans la jeunesse et dans l'âge mûr, a son excuse chez les vieillards : on tient d'autant plus fortement à la vie, qu'elle est plus près de nous échapper ; on craint de dépenser pour autrui un reste de forces qui suffit à peine pour soi : cette avarice est, à tout prendre, moins condamnable qu'aucune autre ; ce n'est plus un vice de l'esprit, c'est une infirmité de l'âge : le cœur s'use comme les autres organes ; la sensibilité s'oblitère avec les sens qui la produisent ; c'est le triste bienfait de la vieillesse ; mon seul regret est de n'en pas jouir au même titre que mes contemporains, dans le moment d'une crise politique qui nous met à de si grandes épreuves.

Parmi les actions de grâce que je rends sans cesse à la Providence, la première est de m'avoir fait naître Français ; de m'avoir appelé à la vie sur cette terre illustrée par tant de grands-hommes, tant de grands événemens, tant de grands souvenirs ; au milieu d'un peuple dont la civilisation se perd dans la nuit des tems, et qui (par un phénomène unique dans les annales du monde) compte douze siècles d'une gloire toujours croissante : chaque citoyen est légataire particulier d'un si grand héritage, et cette espèce de substitution est la garantie la plus sûre de la gloire nationale. Cet amour de mon pays, porté jusqu'à l'enthousiasme, m'identifie tellement à ses malheurs ou à ses prospérités, qu'en ce moment, où je ne dois plus y voir que la place de ma tombe, j'épouse toutes ses craintes, toutes ses espérances avec l'énergie d'une ame jeune et passionnée.

Au nombre des événemens que tant de secousses politiques ont pu faire craindre, celui de l'occupation de la capitale par des armées étrangères n'était jamais entré dans mon esprit. J'avais pour garant de ma sécurité treize siècles d'une possession vierge; car je persiste à ne point voir une conquête dans la prise de Paris, sous le règne de Charles VI : les Anglais y furent appelés, introduits et maintenus par les factions, par la démence du Roi, par la perfidie de la reine et par la proscription du Dauphin. Les autres siéges de Paris appartiennent à l'histoire de nos discordes civiles, et sont tout-à-fait étrangers aux succès des armées ennemies.

Il était aisé de prévoir que la France, poussée hors de toutes limites, débordée comme un torrent sur l'Europe entière, épuisée par d'innombrables sacrifices, écrasée par ses conquêtes, dégoûtée de la guerre, et même de la gloire; il était, dis-je, aisé de prévoir que la France était menacée d'une grande catastrophe.

L'Europe s'est liguée contre l'oppression; ses armées coalisées sont venues conquérir une paix si vainement et si long-tems invoquée : la sainteté de leur cause a doublé leur nombre et justifié leur succès : quinze mois ont suffi pour ramener nos légions des bords de la Moskowa aux rives de la Seine.

De tous les spectacles qu'on pouvait offrir aux Parisiens, le plus nouveau, comme le plus terrible, était celui d'une bataille. Depuis plus de deux siècles, la guerre n'avait point approché de leurs murs; le bruit des armes ne retentissait depuis long-tems à leurs oreilles que dans des marches triomphales ; et leurs femmes pouvaient dire comme celle des Spartiates, *qu'elles n'avaient jamais vu la fumée du camp ennemi* : l'orage grondait sur leurs têtes, les Parisiens se croyaient à l'abri de la foudre. Un gouvernement fallacieux entretenait par tous les moyens possibles cette dangereuse sécurité, et l'ennemi était à nos portes, que les *Bulletins* nous parlaient encore de victoires.

Les yeux ne commencèrent à s'ouvrir que dans la matinée du 28 mars, à la vue des scènes déchirantes dont les boulevarts étaient le principal théâtre : ces paisibles remparts, naguères embellis d'équipages brillans, de femmes élégantes, de tout le cortège, du luxe et des plaisirs, étaient en ce moment couverts de soldats blessés, de villageois abandonnant leur ferme ou leur chaumière, et traînant avec eux les derniers débris de leur chétive fortune : ici, des charrettes où quelques bottes de foin et de paille servaient de lit à des familles entières ; là des troupeaux de moutons, de vaches que conduisait, sur son ânon, leur maître expatrié ; plus loin, des groupes de citadins effrayés accablant de questions des malheureux qui semblaient soulagés en racontant leur désastre. Que d'épisodes touchans dans ce triste tableau ! Que d'exemples de pitié ! que d'actions généreuses, que de secours, de consolations j'ai vu prodiguer par nos bons Parisiens à leurs malheureux compatriotes !

Dès midi, le tableau change, et tout ce qui se passe sur les boulevarts n'est plus qu'un spectacle pour la foule qui s'y promène. La confiance semble renaître ; tout prend une attitude guerrière ; quelques fuyards, un plus grand nombre de blessés arrive ; mais des troupes nouvelles, des munitions, de l'artillerie, partent en bon ordre ; quelques officiers d'ordonnance, en traversant Paris, y sèment des rapports mensongers, et le peuple, non-seulement voit sans émotion les mêmes objets qui le glaçaient de crainte quelques heures auparavant, mais il finit par prendre part aux jeux des grimaciers, des charlatans, des marionnettes, sur la même place où il vient de s'entretenir avec terreur du péril imminent dont il est menacé. Les mêmes inquiétudes se renouvellent le lendemain ; les mêmes causes les font disparaître. »

La postérité se refusera sans doute à croire ou du moins à comprendre, qu'une armée de deux cent mille hommes soit arrivée à deux lieues de cette immense capitale sans que ses habitans en fussent autrement instruits que par le bruit du canon et de la *générale* que l'on battit le 30 mars, à quatre heures du matin, dans tous les quartiers de la ville.

A ce signal, je sors d'un lit où je ne dormais pas ; mes préparatifs avaient été faits la veille ; j'endosse un veil habit de ratine bleue, qui ne ressemblait pas mal à un uniforme ; je charge mon épaule d'un fusil de *Pauly*, je couvre mon chef d'un bonnet fourré à la polonaise, et dans cet attirail, je me mets en campagne ; l'effroi était à son comble dans tous les quartiers de cette vaste capitale ; le tambour appelait la garde nationale à défendre une ville qui ne pouvait ni ne devait être défendue ; par-tout des femmes, des enfans en pleurs cherchaient à retenir leurs époux, leurs pères qui s'arrachaient avec effort de leurs bras. Le champ de bataille était pour ainsi dire à ma porte; je m'acheminai vers les hauteurs de Montmartre.

Poursuivant un odieux système de mensonge et de perfidie, le gouvernement avait annoncé la veille qu'il ne s'agissait que de repousser une faible colonne de l'armée ennemie, et deux cent mille hommes étaient sous nos murs! des masses d'infanterie s'avançaient sur toutes les routes, une cavalerie innombrable couvrait les plaines, 600 pièces d'artillerie foudroyaient les hauteurs!

Aucune mesure n'avait été prise pour repousser une pareille attaque : quelques pièces de canon servies par de courageux enfans, et placées au hasard sur les collines environnantes; douze mille hommes de troupes de ligne, un pareil nombre de gardes nationaux, sans chefs et sans munitions; une ligne de palissades mal disposées, mal jointes, tels étaient nos moyens de défense. Pouvaient-ils avoir été pris dans une autre intention que d'attirer sur cette ville tous les malheurs d'un siége, en lui donnant un aspect guerrier propre à justifier toutes les mesures que pourraient prendre les vainqueurs, et tous les excès auxquels ils pourraient se porter ?

Après une défense de douze heures contre des forces décuples ; lorsque tout paraissait perdu, *fors l'honneur ;* pendant qu'on placardait encore sur les murs une proclamation dans laquelle un roi qui venait de fuir disait : *Je reste avec vous ;* lorsqu'il ne restait plus à franchir qu'une frêle barrière, objet de dérision pour les Parisiens eux-mêmes ; on a vu (chose incroyable) l'armée victorieuse des puissances alliées s'arrêter comme par enchantement aux portes de cette capitale de la France, terme de tant de vœux, de fatigues et de travaux ; on a vu des monarques, animés du ressentiment de tant d'outrages, s'interdire l'entrée de Paris que leur livrait la victoire, et signer, avec un général français, une capitulation, monument de magnanimité dont l'histoire n'offre aucun modèle.

Cette nuit du 30 mars, qui dut être pour Paris une nuit de ravage et de destruction, a vu finir quinze ans de servitude : elle a préparé dans la capitale des arts, l'alliance des grandes puissances de l'Europe, et la restauration du trône antique et sacré de nos rois légitimes : révolution prodigieuse, que le génie le plus entreprenant n'imaginait plus que dans ses rêves, et qui fut exécutée au moment où l'on put l'entrevoir.

La France, le 30 mars, gémissait sous le joug de *Bonaparte;* le 31, elle était libre, et appelait *Louis XVIII*.

Dès la pointe du jour, les boulevarts, que devait suivre l'armée des alliés entrant à Paris, étaient, en quelque sorte, inondés des flots d'une population immense : les fenêtres de toutes les maisons étaient encombrées de spectateurs. Quelques patrouilles de la garde nationale suffisaient pour maintenir l'ordre parmi cette multitude de citoyens animés du même esprit et pleins des mêmes sentimens.

Je ne le cache pas, cet appareil nouveau, ces légions accourues des bords du Volga, de la Sprée et du Danube, cette pompe étrangère de la victoire, affligèrent mon cœur; mes yeux se remplirent de larmes; mais l'amour de la patrie et l'humanité l'emportèrent bientôt sur le sentiment de l'orgueil national, et je contemplai avec admiration le spectacle inconnu jusqu'ici d'un monarque étranger reçu comme un bienfaiteur dans la capitale d'un Etat conquis et délivré par ses armes, recueillant avec la plus touchante modestie les hommages dont on l'environne, et répondant aux acclamations d'un peuple ivre de reconnaissance par la délivrance de deux cent mille prisonniers français que le sort de la guerre a fait tomber entre ses mains.

N° CXVII. — 16 avril 1814.

LA MALADIE DE L'HERMITE.

Elleborum frustra, cum jam cutis ægra tumebit,
Poscentis videas.
                                       PERSE, Sat. 2.

C'est en vain qu'on a recours aux remèdes quand le mal est invétéré.

Les secousses sont fatales à mon âge : il faut un tremblement de terre pour renverser un bâtiment neuf ; une détonation un peu forte suffit pour faire crouler une masure. L'économie animale est soumise aux mêmes lois que l'économie domestique ; le pauvre et le vieillard doivent également ménager le peu qu'ils possèdent.

Le ciel m'a départi d'assez longs jours, et cependant j'ai peine à concevoir qu'ils aient pu suffire aux événemens qui se sont pour ainsi dire accumulés dans l'espace de tems que ma vie embrasse. Les derniers dont je viens d'être témoin, et auxquels mon esprit et mon cœur ont pris une part trop active, ont épuisé mes forces; je me sens attaqué de cette maladie que Fontenelle définit : *une difficulté de vivre*, et j'ai le pressentiment que j'irai bientôt aider Rabelais dans la recherche *du grand peut-être*.

Ce que j'ai de mieux à faire dans un moment où toute espèce d'occupation m'est interdite, c'est de ressasser mes souvenirs, bien sûr de n'y trouver que des consolations pour le présent qui m'échappe, et des espérances pour un avenir dont j'ai le bonheur de ne pas douter.

Le premier événement public que je retrouve gravé dans ma mémoire (moins par la sensation que j'étais alors trop jeune pour éprouver, que par le récit qui m'en a tant de fois été fait), c'est le retour de Louis XV après sa maladie de Metz. Cette *entrée* d'un monarque bien-aimé, sur les jours duquel on avait conçu de si vives alarmes, n'avait rien d'une pompe triomphale; l'ivresse populaire en faisait tous les frais; c'était une véritable fête de famille, semblable à celle dont cette capitale offrait, mardi dernier, l'image, à l'aspect du petit-fils de Louis XV, rentrant dans Paris après vingt-cinq ans d'absence.

Depuis *Lawfeld* et *Raucoux*, la France avait perdu l'attitude de la victoire; la glorieuse journée de *Fontenoy* produisit un enthousiasme difficile à décrire, et ces deux grandes époques sur lesquelles s'appuient mes premiers souvenirs, ont fortifié dans mon cœur cet amour pour le noble sang des Bourbons qui fait partie du caractère national, et que n'ont pu altérer ni le tems ni l'infortune.

Louis XVI, dans un règne trop court pour le bonheur et pour l'honneur du peuple français, déploya des vertus dont le ciel s'est réservé la récompense. La chûte du trône amena les désastres révolutionnaires; l'Etat penchait vers sa ruine, tous les liens de la société étaient rompus, la nation sentait le besoin d'un chef: l'audacieux Bonaparte se saisit du pouvoir et nous sauva de l'anarchie par la servitude. Le mouvement de la guerre, l'ivresse de la victoire nous dérobèrent quelque tems la vue de nos fers, et nous gémissions sans honte, sous un joug intolérable. Au premier revers on vit chanceler l'édifice immense qu'il avait élevé hors de toutes proportions, et bientôt il se brisa lui-même en tombant du haut de sa prodigieuse fortune.

Le cercle révolutionnaire est achevé; nous nous retrouvons au point dont nous sommes partis. Puisse cette longue et sanglante leçon reçue par les pères, ne pas être perdue pour les enfants! Que les nôtres apprennent par notre expérience à quel prix s'achètent les institutions nouvelles; et qu'ils jouissent avec reconnaissance, au sein de la monarchie, des bienfaits d'une constitution qui peut seule maintenant en garantir la durée.

On peut en croire le fougueux cardinal de Retz sur les dangers de discuter les lois établies. Voici comment il peint une de ces assemblées tumultueuses de la Fronde :

« On chercha, en s'éveillant, comme à tâ-
» tons, les lois; on ne les trouva plus; l'on
» s'effara, l'on cria, l'on se les demanda, et
» dans cette agitation, les questions que leurs
» explications firent naître, d'obscures qu'elles
» étaient et vénérables par leur obscurité même,
» devinrent problématiques; et de là, à l'égard

« de la moitié du monde, odieuses ; le peuple
» entra dans le sanctuaire : il leva le voile qui
» doit couvrir l'origine d'où sont émanés les
» droits des peuples, et ceux des rois, qui ne
» s'accordent jamais mieux ensemble, que dans
» l'ombre et le silence. » Nous avons appris à
nos dépens et au profit de nos neveux, qu'il
était plus facile de nier ces principes que d'en
éviter les conséquences.

Je m'enfonçais de plus en plus dans les profondeurs de la politique ; j'en sortis par ordonnance du médecin. C'est un original que mon ami le docteur N***. En dépit de la fièvre qui me galopait, il me prouva que je n'étais point malade, et finit par m'assurer, le plus sérieusement du monde, qu'on ne mourait que lorsqu'on le voulait bien. Je lui objectai que cette volonté-là venait toujours avec l'âge. — « Il n'y a point d'âge, continua-t-il ; la vieillesse est un vieux préjugé, et la santé du corps, accident à part, dépend de celle de l'ame. — Dans ce cas-là, Docteur, comment expliquerez-vous ma maladie, quand je vous aurai donné l'assurance que mon ame ne s'est jamais mieux portée ? Je suis né sous les Bourbons ; je me

retrouve avec bonheur sous leur empire; tous
mes vœux, de ce côté du tombeau, sont à-peu-
près comblés; je me rattache à la vie tant que
je peux, et quoique vous en puissiez dire, je
sens qu'elle m'échappe. — C'est que vos réflexions ne sont pas toutes d'accord avec vos sentimens. C'est que votre esprit est contristé
par des observations chagrinantes, en même
tems que votre cœur nage dans la joie : il résulte de ce conflit de sensations et de pensées
un état violent que vous appelez maladie, et
qu'il dépend de vous de faire cesser. — Docteur, il y a du vrai dans ce que vous dites : je
jouis délicieusement du bonheur de ma patrie;
je revois avec transport le chef d'une maison
adorée remonter au trône de ses ancêtres; mais
si je détourne un moment les yeux de ce tableau
sublime, je vois l'intrigue aux cent pieds, aux
cent bras, qui déjà s'empare de toutes les
avenues du pouvoir; je vois la bassesse encore
souillée de la fange où elle se traînait la veille,
profaner aujourd'hui l'éloge, en se hâtant de
s'en rendre l'interprète; j'entends prodiguer la
menace et l'outrage à l'ennemi qui n'est plus à
craindre, et je vois une foule de braves le len-

demain de la victoire. — Eh! mon pauvre Hermite, c'est bien la peine d'avoir vécu 75 ans pour s'étonner de pareilles choses! Le navire est à flot, les vents sont bons, le pilote est au gouvernail; est-ce le tems de penser aux souris qui rongent la cargaison? Plus d'humeur; éloignez toutes les pensées tristes; prenez mon bras, et venez à quelques pas d'ici jouir du spectacle ravissant d'un petit-fils de notre Henri IV, reçu par des sujets auxquels il apporte, comme son aïeul, la paix, le bonheur et le généreux oubli de toutes les fautes, de toutes les erreurs. »

Le docteur me pressa; je fis un effort pour passer un habit; ma faiblesse trahit mon courage. J'allais y renoncer; une musique militaire se fait entendre sous mes fenêtres : je prête l'oreille; j'entends l'air national de *vive Henri IV!* mes forces renaissent; je m'habille, et soutenu par le docteur et par mon fidèle Paul, je parviens à me transporter sur le passage de *Monsieur*.

Quelles délicieuses émotions j'éprouvai en revoyant ce prince *d'un caractère si franc, si loyal, si français*; sa figure, où l'on aimait à reconnaître quelques traits du bon Henri, rayonnait de joie et de bonheur. Tout était Français dans sa personne ; sa grâce, ses manières, cette expression d'amour et de confiance qui caractérise sa noble race, cet habit national, et ce panache national aussi, puisque c'est celui du *Béarnais*.

Dans ce moment, je me sentis renaître : un cri s'échappa de ma bouche et de mon cœur : *Vive le Roi!* Ce mot que j'avais bégayé dans mon enfance, à l'entrée de Louis XV, j'ai donc pu le répéter soixante-dix ans après! J'ai pu voir, après tant d'orages, la nation rendue à son antique loyauté, se rallier comme une famille autour d'un père chéri ; j'aurai vu les factions s'éteindre, tous les cœurs se réunir dans l'intérêt de la patrie, et toutes les volontés se confondre dans le vœu du bonheur public, fondé sur la double base de l'amour du prince et du respect des lois. La nature peut disposer de moi; j'ai assez vécu.

Depuis ce jour d'éternelle mémoire, je suis confiné dans mon lit, je crains bien, malgré ma bonne volonté, de ne plus sortir moi-même. S'il en est ainsi, un seul regret viendra troubler mes derniers momens; c'est de n'avoir pu contempler avant de mourir cette auguste princesse, exemple de piété filiale, modèle de toutes les vertus, à qui les Français doivent tant d'amour en dédommagement de tant de malheurs, et qui n'a pu quitter sans regrets la patrie où ses yeux ne s'étaient ouverts que pour répandre des larmes.

N° CXVIII. — 23 *avril* 1814.

LA MORT DE L'HERMITE.

Vixi et quem dederat cursum fortuna peregi.
VIRG., *Eneid.*
J'ai vécu; j'ai fourni la carrière que la nature
m'avait ouverte.

Le moment est venu ; je sens que je n'acheverai pas la journée qui commence, et je profite d'un mouvement de fièvre, qui rend à mon sang et à mon esprit quelqu'activité, pour laisser tomber sur le papier les dernières lignes que tracera ma main défaillante.

A l'heure où l'on ne possède plus que ce qu'on a donné, où l'on ne se tient plus compte à soi-même que du bien qu'on a fait et de celui que l'on peut faire encore, je ne laisserai point échapper une pensée qui se présente inopinément à mon cœur, et à laquelle ma réflexion n'a pris aucune part.

En traçant, il y a bientôt un an, le tableau pénible du *Départ de la Chaîne**, j'ai parlé d'un jeune homme, d'une figure assez douce, des yeux duquel je voyais s'échapper de grosses larmes, et dont les muscles étaient agités de mouvemens convulsifs..... Ce jeune homme, qu'il est permis de désigner plus clairement aujourd'hui, se nomme *Rateau*, autrefois sous-officier dans la garde de Paris. Il se trouva compromis dans cette conspiration de *Mallet*, dont le but avoué ne justifiait pas l'audace. Il n'était condamné qu'à la mort ; on aggrava sa peine en la commuant, et en le condamnant pour le reste de ses jours à l'infamie des galères. Qu'il me soit permis d'élever en sa faveur une voix mourante, et d'appeler sur lui la bonté, la justice d'un prince dont les bienfaits ont devancé la présence, et que le ciel rend à la patrie pour réparer toutes les injustices et consoler tous les malheurs ...

....
....
....

* Voyez le Numéro LXXX de *l'Hermite de la Chaussée-d'Antin*, tome III, page 304.

LA MORT DE L'HERMITE.

Vendredi, 22 avril 1814.

L'Hermite de la Chaussée-d'Antin a cessé de vivre; il s'est endormi d'un sommeil éternel hier à quatre heures du soir, à l'âge de soixante-treize ans, deux mois et quelques jours. Puisque l'Hermite est devenu, par accident, un personnage public, et que ses *Discours* ont eu quelque succès dans le monde, j'ai pensé qu'il était de mon devoir, en ma qualité de parent et d'exécuteur testamentaire, de rendre compte à ses amis (au nombre desquels il se plaisait à ranger ses lecteurs) des derniers momens d'un grand-oncle dont j'ai tant de raisons de chérir et d'honorer la mémoire. J'ai pu croire, d'ailleurs, que ces détails, où l'on reconnaît les traces de son caractère observateur, ne seraient point déplacés à la suite de ses Observations sur les Mœurs.

J'avais été moins alarmé que je n'aurais dû l'être d'une maladie dont mon oncle avait lui-même informé le public, et sur les suites de laquelle les rapports du médecin et mes propres observations me rassuraient également. L'Hermite parlait de sa fin prochaine avec une si grande liberté d'esprit, quelquefois même avec tant de gaîté ; je remarquais si peu d'altération dans ses traits, si peu d'affaissement dans ses forces physiques et morales, que je m'obstinais à ne voir, dans l'idée qui le préoccupait exclusivement, que le texte d'un de ses prochains *Discours*.

Ce ne fut que dimanche matin, en trouvant au chevet de son lit un notaire auquel il dictait ses dernières volontés, que je commençai à concevoir des inquiétudes dont je ne fus pas le maître de lui dérober la vive impression. « Mon cher Ernest (me dit-il, avec un sourire plein de douceur), vous êtes surpris de tout, parce que vous ne vous préparez à rien : rappelez-vous le jugement que vous aviez porté sur Mme de Lineuil *, et ne vous affligez pas sans mesure, après vous être rassuré sans sujet. Mourir est une des clauses du contrat de la vie ; et j'ai bien fait d'attendre un peu tard pour la remplir, puisque mes yeux, avant de se fermer, ont vu luire sur la France l'aurore d'un

---

* Voyez le Numéro XVI de *l'Hermite de la Chaussée-d'Antin*, tome II, pag. 189.

jour qui semblait ne devoir jamais naître, ou du moins ne devoir jamais se lever pour moi. Si la nature m'avait laissé le choix du moment où je devais lui payer ma dette, aurais-je pu en saisir un meilleur ? J'ai vu, contre toute vraisemblance, s'accomplir le grand événement d'une restauration qui prépare à ma patrie de nouveaux siècles de prospérité ; je jouis dès à présent de tous les biens qui vous sont réservés, avec la certitude de n'être pas témoin des derniers efforts que la sottise, l'orgueil et l'intrigue mettront en œuvre pour retarder l'établissement d'un ordre de choses où le mérite et la probité seront les seuls titres à l'estime de la nation et à la faveur du prince. J'admire, en ma qualité d'homme, l'exemple unique de magnanimité qu'un Alexandre, le véritable grand Alexandre, vient de donner au Monde, et je n'aurai point à gémir, comme Français, d'un événement dont la gloire est étrangère à mon pays, dont les suites les plus immédiates ne seront peut-être pas sans amertume, et dont les avantages seront nécessairement le fruit de plus d'un sacrifice. »

Le docteur arriva au moment où mon oncle,

échauffé par ce qu'il appelait son esprit prophétique, commençait son cours de prédictions : il imposa silence au malade, et le força de donner quelque repos à son corps, en laissant reposer sa tête. L'Hermite me remit quelques billets pour les porter à leurs adresses, et me recommanda de revenir le lendemain de bonne heure. J'insistai vainement pour passer la nuit auprès de lui ; il n'y voulut pas consentir.

Le lendemain matin, quelque diligence que j'eusse faite, j'avais été devancé auprès de mon oncle par M*me* L***, son amie la plus intime, dont il a été souvent question dans ses *Discours*: sa présence semblait l'avoir ranimé ; l'espérance me revint.

La matinée fut calme : l'Hermite reçut plusieurs visites, se fit lire les journaux, et provoqua lui-même une discussion sur les affaires publiques, qui l'occupaient exclusivement depuis sa maladie.

« On peut me croire, disait-il, mes opinions sont aujourd'hui bien désintéressées ; mes vœux ne sont plus des espérances. Il n'y a de repos, de bonheur possibles pour la France, qu'au sein de cette monarchie constitutionnelle que Montesquieu préconise avec tant d'éloquence, et dont une nation voisine s'est chargée de nous prouver les avantages. » Le chevalier de N*** se récria contre cette proposition, et parla en faveur de la monarchie *pure*, c'est-à-dire, absolue, du ton d'un homme qui récite une leçon mal apprise, et qui croit soutenir ses principes quand il défend ses préjugés. « Eh, M. le chevalier, lui répondit l'Hermite, pour Dieu! ne soyez pas plus *royaliste que le Roi;* c'est lui-même qui vous en prie. Vous aurez beau dire et beau faire, le siècle va son train; il faut marcher avec lui, et vous ne ferez plus accroire à personne que, même sous un bon prince, le despotisme ne soit pas le pire de tous les gouvernemens. Plus les Français chérissent ces Bourbons que la bonté du ciel vient de leur rendre, plus ils doivent mettre leur trône à l'abri des secousses qui l'ont renversé: cet abri, ils ne peuvent le trouver que dans un état de choses qui identifie en quelque sorte la nation avec celui qui la gouverne, qui affermit l'autorité royale, et garantit la liberté publique; qui met hors d'atteinte l'indépendance des tribunaux, et qui consacre en même-tems la responsabilité des ministres et l'inviolabilité du monarque. Maintenez, sur-tout, maintenez, avec des restrictions légales, cette liberté de la presse dont l'utilité est suffisamment démontrée par les soins que Bonaparte avait pris pour la proscrire. Du jour où il parvint à enchaîner la pensée, où il put être sûr qu'aucun livre ne paraîtrait que dégradé, mutilé par la censure, l'avilissement de la nation fut au comble, et la tyrannie ne connut plus de bornes : de là ce déluge d'absurdités, de mensonges et de turpitudes dont la France fut inondée pendant dix ans, et qui n'accusait pas moins l'imbécille crédulité du peuple que l'impudence du gouvernement. On pouvait appliquer à son chef ce mot de don Luis de Haro, ambassadeur d'Espagne aux conférences des Pyrénées, à qui l'on demandait ce qu'il pensait du cardinal Mazarin : *C'est un grand homme,* disait-il, *mais il a un grand défaut; c'est de vouloir toujours tromper.* »

Je voyais que mon oncle se fatiguait beaucoup en parlant : Mme de L*** me faisait signe d'emmener deux ou trois interlocuteurs qui nourrissaient impitoyablement la dispute; j'avais besoin, pour y réussir, que le docteur vînt à mon aide. Il entra, salua tout le monde avec un sérieux hippocratique, s'approcha du lit du malade, lui tâta le poulx, se recueillit un moment, prit une prise de tabac, et congédia poliment l'assemblée, à l'exception de Mme de L***, du chevalier, de moi, et du docteur lui-même, que le malade retint à dîner.

Le médecin voulait se fâcher : « Ne faisons pas les enfans, reprit mon oncle, et parlons à cœur ouvert. Il est bien convenu, Docteur, que votre théorie est en défaut, et qu'en dépit de vous et de moi il faudra bientôt en finir; tâchons donc que la chose se passe le plus doucement possible : *Pompa mortis magis terret quam mors ipsa* *, comme vous savez. J'ai encore quelques jours devant moi; je veux les vivre tout entiers, je vous en préviens : ainsi, ne vous en déplaise à tous trois, nous dînerons encore une fois ensemble. »

Sans écouter les remontrances du docteur,

---

* La mort n'a d'horrible que sa pompe.

il donna l'ordre qu'on dressât la table auprès de son lit; et pendant le repas, où il se montra plus gai que nous ne l'avions vu depuis long-tems, il ne fut question que de l'événement miraculeux de la restauration. Le bon Hermite but un verre de vin de Bourgogne *à la santé de Louis XVIII*, et *à la paix du monde*, et voulut que je lui chantasse au dessert des couplets pleins de sel et d'esprit qu'un aimable correspondant du *Caveau Moderne* lui a dernièrement adressés*.

Vers six heures, mon pauvre oncle éprouva une crise à l'issue de laquelle il témoigna le désir d'entretenir un moment Mme de L*** en particulier. « Il y a cinquante ans, lui dit-il en souriant, je n'aurais pas commis une pareille inconséquence, et vous m'eussiez accordé avec plus de peine un tête-à-tête moins effrayant : le tems a de bien singuliers priviléges ! »

Au bout d'un quart-d'heure, mon oncle me rappela. Mme de L*** était assise auprès d'un

* *Appel à l'Hermite de la Chaussée - d'Antin*. Cette jolie chanson se trouve à la fin du volume.

secrétaire ouvert, et tenait en main un petit coffret en bois d'ébène à pointes d'acier, qu'elle emporta en étouffant les sanglots qui la suffoquaient, et en me priant de ne point quitter le malade avant qu'elle ne fût revenue.

A peine cette dame était-elle sortie, que le malade éprouva une crise moins violente que la première, mais qui se termina par un long évanouissement. J'appelai le docteur avec un cri d'effroi ; il parvint à ranimer le malade, et m'assura, pour soutenir mon courage, qu'il n'y avait pas encore de danger.

« Le Docteur a raison, ajouta l'Hermite, qui avait entendu ses derniers mots ; il n'y a pas de danger. Un mal n'est jamais bien grand quand il est le dernier ; et à en juger par l'épreuve que je viens de faire, il est bien facile de mourir. L'ame d'un vieillard s'échappe sans effort, comme le dit fort bien Sénèque ; elle est sur le bord de ses lèvres. Je m'observe encore moi-même dans ces derniers momens, et je ne songe pas, sans une sorte de satisfaction, que je vais enfin cesser de faire ce que je fais depuis si long-tems. De quoi puis-je me plaindre ? N'est-il pas aussi naturel de mourir que de naître ? et les sentiers de la gloire et de la fortune n'aboutissent-ils pas au même point ? A compter du terme moyen de la vie, j'ai vécu bien des années aux dépens des autres : je n'ai plus de vœu raisonnable à former, et d'autre prière à adresser au ciel que mon *Nunc dimittis.*

» Adieu, mon ami, continua-t-il d'une voix affaiblie ; nous nous reverrons demain, je l'espère, et tu connaîtras mes dernières intentions. »

Le lendemain, mardi, l'Hermite resta plongé dans un assoupissement presque continuel ; la nuit fut agitée, sans qu'il parût beaucoup souffrir. Le matin du mercredi, il écrivit quelques lignes (celles que j'ai mises en tête de cet article). Je n'avais pas fermé l'œil depuis trois jours, et je dormais sur une chaise longue, dans la chambre voisine, lorsque vers quatre heures après midi je fus réveillé par Mme de L***, qui m'annonça, en fondant en larmes, que mon oncle touchait à son dernier moment. Je m'approchai de son lit ; il ouvrit les yeux, les tourna sur Mme de L*** et sur moi avec une expression de tendresse inexprimable, laissa retomber sa tête, et mourut.

Ernest de Lallé.

N° CXIX. — 30 avril 1814.

LE TESTAMENT DE L'HERMITE.

—

— *Relinquendum est*
Mart., ep. 44.
Il faut tout abandonner.

« C'est un fort ancien usage que celui des testamens, à en juger par le testament de Noé, cité par Eusèbe, et dont le moine Cedrenus nous a conservé les principales dispositions dans sa *Chronique*. Je sais que beaucoup d'écrivains se sont élevés contre ce droit, en vertu duquel un homme dispose de biens qui ne lui appartiendront plus dans un tems où il aura cessé d'être : je ne suis pas de ces gens-là ; je trouve tout simple qu'on donne ce que l'on possède à la condition de n'en faire jouir les autres qu'au moment où l'on ne pourra plus en jouir soi-même, et je ne serais pas embarrassé de prouver que sur ce point, et pour cette fois, l'usage se trouve parfaitement d'accord avec la raison, la justice et la morale.

» Pour mettre, autant qu'il est en mon pouvoir, ce dernier acte de ma volonté à l'abri de la chicane qui s'introduit le plus souvent entre deux formalités, j'ai pris le parti de faire ce qu'on appelle un testament *olographe*, et d'y établir pour première clause, à l'exemple de Duclos, que tout donataire qui élèverait la moindre difficulté sur tout ou partie dudit testament, soit déchu, par cela même, du droit qui résulte de la disposition faite à son profit. Qu'une pareille détermination soit généralement adoptée; qu'elle devienne protocole indispensable dans tous les actes de cette nature, et l'on tarit la source la plus abondante des procès les plus scandaleux.

» Attendu que je compte à mon neveu, pour la meilleure partie de la succession que je lui laisse, la réputation d'honnête homme, à laquelle j'ai travaillé pendant soixante ans, j'exige qu'il la défende *unguibus et rostro*, contre ces compagnies de braves nouvellement réorganisées, qui attaquent et qui battent avec tant de courage les gens à terre ou en terre.

» Je déclare que je sors de ce monde bien persuadé que je vais en trouver un meilleur; ce qui doit paraître excessivement probable au plus incrédule, pour peu qu'il ait passé, comme moi, soixante-quinze ans dans celui-ci.

» Néanmoins, comme il faut, autant qu'on peut, mourir en paix, même avec ceux avec qui l'on a vécu en guerre, je demande sincèrement pardon aux fourbes que j'ai démasqués, aux intrigans que j'ai signalés, aux sots dont j'ai eu le malheur de rire, comme je pardonne moi-même aux ingrats, aux envieux, aux calomniateurs, aux libellistes qui ont tourmenté ma vie du mieux qu'ils ont pu ; je ne parle pas de quelques beautés infidèles dont ma jeunesse a eu beaucoup à souffrir ; chacune à son tour a obtenu le pardon de l'autre.

» J'ordonne que tous mes papiers, sans exception, soient remis à mon vieil ami Charles de L***; lequel, après en avoir extrait ce qu'il jugera digne du public ou du portefeuille d'un ami, fera brûler le reste en sa présence. Par ce moyen, je me crois en droit de désavouer d'avance tous les mémoires posthumes, toutes correspondances inédites, anecdotes secrètes, ou toutes autres publications du même genre, que les chiffonniers de la littérature jugeraient à propos de faire paraître sous mon nom. Je croirais faire injure à mon ami en défendant, par une disposition spéciale, que mes lettres particulières fussent imprimées : nous nous sommes trop souvent récriés ensemble contre cette violation du plus saint des dépôts ; contre cette impudeur qui met le public dans la confidence des affections les plus secrètes, des sentimens les plus intimes de deux cœurs qui s'épanchent en liberté, pour que je puisse craindre de donner après ma mort le scandale qu'ont excité les *Lettres de Mirabeau*, celles *de M*^{lle} *de Lespinasse*, et tant d'autres.

» Je ne m'oppose pas à ce qu'il soit fait une édition complète de mes œuvres, si le public et mon libraire veulent en courir le risque ; mais j'insiste pour qu'on ne mette pas mon portrait en tête ; c'est une vanité dont certaines gens m'auraient guéri si jamais j'en eusse été atteint : d'ailleurs, je suis bien aise d'enlever aux journalistes le plaisir de s'égayer sur la tournure socratique de mon nez, ou sur la forme chinoise de mes yeux. Si pourtant le libraire-éditeur faisait du portrait de l'auteur une condition de son marché, je le prie d'obtenir du dessinateur un costume plus conforme à mon caractère qu'à ma profession. J'ai souvent ri de voir Bertin soupirant une élégie, en habit de dragon; Gilbert agitant le fouet de la satire, en perruque à bourse; et Buffon expliquant les mystères de la nature, en habit brodé et en manchettes de dentelle.

» Je fais défense expresse à mon exécuteur testamentaire de mettre mon mobilier à l'encan. Je n'ai jamais pu voir sans une extrême répugnance cette foule d'étrangers avides qu'une affiche placardée sur un morceau de serge appelle dans une maison en deuil, au milieu d'une famille en larmes, pour s'y disputer la dépouille d'un mort. En conséquence, je charge mon neveu de partager entre Paul, mon domestique, et Mme Choquet, ma femme de ménage, ceux de mes vieux meubles qu'il ne gardera pas pour son usage.

» Je laisse à mon neveu, par substitution, comme je l'ai reçu de mon oncle le prieur d'Armentières, mon grand fauteuil de maroquin à oreillettes, qu'il ne reléguera pas dans son garde-meuble, sous peine d'insulter à la mémoire de ses aïeux : en prenant l'habitude de s'y reposer une ou deux heures par jour, il finira par y trouver quelques vieux souvenirs de morale et de probité dont il pourra dans l'occasion prendre conseil.

» Je recommande également à la piété de mon légataire les dix-huit portraits de famille que je lui laisse; plusieurs sont l'ouvrage de grands-maîtres; il y en a deux de Mignard, trois de Rigaud, un de Raoux et quatre de Latour : si mon petit neveu était tenté quelque jour de mettre ses aïeux en vente, je l'invite à relire auparavant certaine scène de *l'Ecole de Médisance* (*School for Scandal*) qui pourra lui en faire passer l'envie.

» Je donne à la femme de mon ami Charles de L***, mon portrait en pied qu'elle m'a demandé, et que je lui ai refusé de mon vivant, par la raison qu'il est d'une ressemblance extrême et d'un ridicule achevé. La mort effacera le ridicule et ajoutera du prix à la ressemblance.

» *Item*. Je donne à Paul toute ma garde-robe; elle est assez modeste pour qu'il puisse s'en parer sans scandale, et la forme de mes habits est assez ancienne pour être bientôt à la mode.

» Mes livres sont, pour la plupart, surchargés de notes, et ne sont ni assez rares ni assez curieux pour tenter les amateurs : si mon légataire se décide à les vendre, il sera obligé d'en traiter avec les bouquinistes; ce qui m'évitera du moins le désagrément de cette espèce de célébrité bibliographique qui consiste à voir votre nom figurer dans la collection des catalogues, à côté de ces deux *Filheul*, des *Laleu*, des *Bellanger*, et autres illustres inconnus qui n'ont d'autre réputation que celle de leur bibliothèque.

» Je donne à ma femme de ménage, Mme Choquet, ma batterie de cuisine, telle qu'elle se comporte; et attendu que je lui dois un petit dédommagement de la liberté que j'ai prise de parler d'elle un peu légèrement dans un Discours, intitulé : *les Caquets de ma Femme de Ménage*, qui n'a point encore paru, mais qui trouvera sa place dans le dernier volume du recueil de mes Observations, je donne à ladite dame Choquet un portrait de la Vierge d'après Raphaël, qu'elle convoitait depuis long-tems, et qui figurera très-bien au pied de son lit (comme elle me l'a fait observer cent fois), entre son crucifix et son bénitier de cristal. *Item*. Je lui donne une année de ses gages.

» Je ne veux point qu'on envoie de billets *de faire part* après ma mort ; ceux qu'elle intéresse l'apprendront assez tôt ; ceux qu'elle n'intéresse pas n'ont pas besoin de l'apprendre.

» Je désire que la cérémonie de mes funérailles se fasse avec une grande simplicité ; qu'on me conduise directement de chez moi à l'église, et de l'église à mon dernier gîte sans arrêter mon convoi en face du théâtre du Vaudeville, où je me souviens d'avoir donné une pièce il y a vingt ans, ni même devant le bureau de la *Gazette de France*, où j'avais élu mon domicile littéraire, dût-on y commander quelqu'un d'office pour y prononcer mon oraison funèbre.

» Vu l'instabilité de nos cimetières modernes, et attendu qu'un autre a pris, au cimetière Montmartre, la seule place que je voulusse y occuper, je charge le docteur N***, de trouver dans son art, le moyen de réduire, le plus promptement possible, mon corps à l'état de squelette, afin que je puisse être admis, dès à présent, et sans passer par la longue filière du tombeau aux honneurs des catacombes,* où

* Voyez le Numéro xxxi de l'*Hermite*, tome II.

j'ai retenu ma place dans la promenade que j'y ai faite il y a deux ans avec Mme de Sezanne : une fois là, je suis certain qu'on ne me délogera plus ; je n'ai jamais aimé les déménagemens.

» Je désire que Paul reste au service de mon neveu, à moins qu'il ne se retire dans ma ferme de Normandie ; dans l'un ou l'autre cas, je lui donne et lègue une pension de 300 fr. ; plus, 200 fr. pour le deuil, qu'il pourra porter en couleur, si bon lui semble.

» *Item*. Je donne à ce bon et fidèle domestique, la pendule à carillon qui se trouve dans mon alcove, et qu'il a montée pendant trente ans.

» *Item*. Je donne à mon excellent ami, Charles de L***, en mémoire de notre vieille amitié, qui a commencé dans les Indes, un rubis gravé, dont m'a fait présent Hyder-Aly, après l'invasion du Carnate ; je l'ai porté jusqu'à ce jour. On trouvera cet anneau à la chaîne de ma montre.

» *Item*. Je donne à Mme de L*** un petit coffre noir à pointes d'acier, dont la clef est perdue depuis long-tems, et je la prie de ne l'ouvrir qu'un an, jour pour jour, après ma mort.

» *Item*. Je donne aux pauvres habitans du petit

bourg de N***, où je suis né, une somme de 1500 fr., dont M. le curé fera la distribution.

» Mes dettes acquittées, et les dispositions du présent testament remplies, je lègue le reste de mes biens, meubles et immeubles, à mon petit neveu Ernest de Lallé, que je nomme en même tems mon exécuteur testamentaire.

» Ecrit en entier de ma main, moi, soussigné, jouissant du libre exercice de mes facultés intellectuelles, à Paris, dans mon hermitage de la Chaussée-d'Antin, le 28 mars 1814. »

E. J.
L'Hermite de la Chaussée-d'Antin.

N° CXX. — 3 mars 1814.

CORRESPONDANCE
DE L'HERMITE.*

JEUX DE MOTS, QUOLIBETS, CALEMBOURGS, COQ-A-L'ANE.

Dissertation lue le 16 avril 1812, dans la séance publique de l'Académie de Guignes.

Monsieur l'hermite, il y a des gens d'esprit à Guignes..... Comme nous aimons à nous communiquer nos idées, nous avons formé une société qui, après s'être appelée successivement club, athénée, lycée, en est modestement revenue au titre d'*Académie*. Il se lit parfois d'excellens Mémoires dans nos assemblées dites

* Cette Correspondance, trouvée dans les papiers de l'Hermite, avait été désignée par lui comme devant faire partie de son ouvrage.

publiques, mais qui ne le sont pas autant que nous le désirerions; la Dissertation que je vous envoie est de ce nombre. Si vous la croyez, comme moi, de nature à intéresser la partie la plus raisonnable, c'est-à-dire la plus nombreuse de vos lecteurs, je ne m'oppose pas à ce qu'elle soit publiée.

Les jeux de mots sont des équivoques fondées sur un mot employé de manière à présenter plusieurs idées.

L'esprit sourit aux jeux de mots, la raison même ne les désapprouve pas, quand ils renferment un sens également juste sous leur double acception.

A la faveur de ces équivoques, on peut tout dire et tout entendre; la même phrase est à-la-fois maligne et innocente, licencieuse et chaste ; or, comme il s'ensuit qu'il n'est pas pardonnable d'être brutal et cynique, la société a quelque obligation à ces formes ambiguës.

Grâce aux jeux de mots, l'inférieur s'est quelquefois vengé de son supérieur, sans lui laisser le droit de se plaindre, sans qu'on pût l'accuser d'être sorti des bornes du respect. Molière, pressé de donner une représentation de *Tartufe*, défendu par le parlement, répond au public : « Nous vous avions promis *Tartufe*; mais M. le premier président ne veut pas qu'on *le joue.* » Le sel de cette réponse résulte d'un jeu de mots; mais de pareils jeux de mots sont de bons mots.

Les jeux de mots font facilement fortune : à la faveur de leur concision, ils passent de bouche en bouche, courent de cercle en cercle; chacun les retient, chacun les cite; beaucoup les empruntent ou les volent, ce qui est la même chose, même en matière d'esprit.

Semblables à l'écu qui, sous l'effigie du prince, circule dans le commerce pour l'avantage de tous, les bons mots dont l'auteur est connu valent encore quelque succès à l'homme qui les répand : tel fait son état de les répéter, comme tel de les dire. Mais s'ils sont fils de père inconnu, ils ne manquent pas long-tems de père adoptif : ce sont alors des diamans qui appartiennent à tout homme qui les porte à son doigt.

Les jeux de mots sont admissibles partout où l'importance de la matière et la gravité du ton n'opposent pas aux saillies de l'esprit des bornes qu'il ne peut franchir sans blesser le goût et la raison.

Le sévère Boileau a dit :

> Ce n'est pas quelquefois qu'une Muse un peu fine,
> Sur un mot, en passant, ne joue et ne badine,
> Et d'un sens détourné n'abuse avec succès ;
> Mais fuyez, sur ce point, un ridicule excès.

L'épigramme et le madrigal emploient les jeux de mots ; la comédie et l'épître familière ne les repoussent pas toujours : la farce et le vaudeville les recherchent, et souvent en abusent.

Mais l'abus des jeux de mots blesse moins encore là que l'usage qui en a été fait dans des sujets sérieux. Comment se trouvent-ils mêlés au sublime de Corneille ? comment se sont-ils coulés jusque sous la plume du judicieux Racine ? Les plus belles pièces du premier n'en sont pas exemptes ; le dernier en offre un dans l'un de ses plus beaux ouvrages.

Pyrrhus, comparant sa flamme amoureuse à l'incendie de Troie, dit :

> Brûlé de plus de feux que je n'en allumai.

Vers qui semble extrait des *Plaideurs*, et non

d'*Andromaque*; vers qui fait plutôt penser à la famille de Citron qu'à celle d'Hector. Au reste, il n'y en a pas deux comme cela dans Racine, ce qui doit surprendre moins encore que d'en trouver un.

Molière, qui a si plaisamment raillé les jeux de mots de l'abbé Cotin, s'était exposé au même reproche. Il fait dire à Mascarille :

>Ce visage est encor fort métable ;
>S'il n'est pas des plus beaux, il est *des agréables*
>(*Etourdi*.)

Cela ne vaut guère mieux que,

>Ne dis pas qu'il est amaranthe,
>Dis plutôt qu'il est de *ma rente*.

Mais il faut remarquer que c'est dans *l'Etourdi* que se trouve ce vers : or, *l'Etourdi*, qui est la première bonne pièce qu'ait faite Molière, n'est pas la meilleure de ses pièces. De pareils défauts ne se trouvent pas dans ses chefs-d'œuvre.

Au reste, la réflexion que nous avons faite au sujet de Racine est applicable à Molière. On doit moins s'étonner de ce que cette faute lui est échappée, quand il flattait le goût général, que de ce qu'il ne l'a pas effacée lorsqu'enfin le mauvais goût a été corrigé par lui.

Les jeux de mots ont changé de noms à différentes époques : on les a appelés tantôt *pointes*, tantôt *quolibets*; on les appelle aujourd'hui *calembourgs*.

Le mot *pointe* n'a pas besoin d'être expliqué; quant au *quolibet*, mot formé de deux mots latins, il indique, je crois, le sens ambigu du jeu de mots : *quo libet*, choisissez le sens qu'il vous plaira. On ne se sert depuis long-tems de ce mot *quolibet* que pour désigner une pointe, un jeu de mots de mauvais goût, une plaisanterie sans sel :

Après maints quolibets coup sur coup renvoyés.
LA FONTAINE.

Le règne des jeux de mots est rarement celui du bon goût; il le précède ou il le suit. Il préséda le siècle de Louis XIV ; il suivit celui de Louis XV : le P. André, Scaron, florissaient avant Despréaux et Bossuet ; M. de Bièvre a succédé à Voltaire.

Les jeux de mots ont été d'une grande ressource pour la mauvaise foi. C'était sur eux qu'était fondée l'infaillibilité des oracles. « *Si Crésus*, dit la Pythonisse, *passe le fleuve Halis, un grand Empire sera détruit.* » Le roi de Lydie, sur la foi de cet oracle, fait la guerre à Cyrus. Un grand Empire s'écroule, en effet, mais ce n'est pas celui des Perses. De quelque côté que tournât la victoire, l'oracle devait avoir raison.

Tous les jeux de mots n'ont pas eu une si funeste conséquence. Le duc d'Ossone, vice-roi à Naples, répara, dit-on, une grande injustice par un jeu de mots; voici le fait:

« Un homme très-opulent et trop dévot avait institué les Capucins ses héritiers, au détriment de son fils unique. Le testament portait, cependant, que ces pauvres pères donneraient à l'exhérédé, sur la succession, *la part qui leur plairait*. Mis en possession par l'autorité du juge, ils offrent une somme modique au jeune homme, qui recourt à l'autorité suprême. « Je ne suis » pas étonné, dit le vice-roi au magistrat, » qu'il avait mandé ainsi que les parties, de » voir ces bons pères requérir les avantages » que le testament semble assurer à leur ordre; » mais je ne puis concevoir qu'un vieux juge

» comme vous ait pu se tromper sur le sens de
» ce testament. » Puis il ordonne que lecture
en soit faite ; et quand on en vient à la disposition qui institue les Capucins héritiers, à la
charge de donner au fils *la part qui leur plairait*,
« Mes révérends, combien voulez-vous donner
» à ce jeune homme ? — Huit mille écus,
» M. le duc, répond le supérieur. — A com-
» bien monte le succession ? — A cinquante
» mille écus, Monseigneur. — Ainsi, mes
» pères, sur cinquante mille écus vous en vou-
» lez quarante-deux mille ? — En vertu de
» notre droit, Excellence. — Et moi, je dis
» qu'en vertu du droit établi par le testament,
» vous devez donner ces quarante-deux mille
» écus au fils du testateur. Ne devez-vous pas
» à ce fils *la part qui vous plaira* ? Or, la part
» *qui vous plaît* est de quarante-deux mille écus,
» et non de huit mille ; donc, c'est au jeune
» homme qu'aux termes du testament, dont
» j'ordonne l'exécution, les quarante-deux
» mille écus seront délivrés. »

Ce jugement-là est un peu dans le genre de
ceux de Sancho-Pança ; mais avouons qu'on en

a rendu quelquefois de moins plaisans et de plus mauvais.

La fureur des jeux de mots annonce l'ignorance, l'oubli ou la décadence du goût. Quelle est celle de ces trois causes qui influe sur l'époque actuelle ? Jamais la manie de jouer sur les mots n'a été plus générale ; et quels jeux de mots sont en vogue ? les *calembourgs*.

Quelle est l'étymologie de ce mot *calembourg* ? que signifie-t-il ?

L'art du faiseur de *calembourg* ne consiste pas à jouer sur le double sens d'un mot, mais à forcer l'équivoque, soit par la décomposition d'un mot en plusieurs, soit par la réunion de plusieurs mots en un seul, sans plus respecter le bon sens que l'orthographe. Le calembourg joue plutôt sur le son que sur le sens. Peu lui importe de ne pas présenter une idée ingénieuse, pourvu qu'il détourne de l'idée raisonnable. Il faut être bien idiot pour ne pas pouvoir faire de *calembourgs* ; mais pour ne pas les entendre, c'est une autre affaire. On peut pourtant faire des *calembourgs* avec de l'esprit, ou quoiqu'on ait de l'esprit ; M. de Bièvre l'a prouvé : mais qu'en conclure, lorsque tant de sots y réussissent ? Que le *calembourg* prouve quelque esprit dans une bête ? Ne prouverait-il pas plutôt qu'il y a toujours un petit coin de bêtise dans un homme d'esprit ?

Il ne nous reste plus qu'à parler du *coq-à-l'âne*. Nous voyons avec peine qu'on a généralement des idées peu justes sur cette manière de discourir. Les artistes les plus habiles ne sont pas ceux qui raisonnent le mieux sur leur art. La plupart des gens font des *coq-à-l'âne* comme M. Jourdain faisait de la prose. Le *coq-à-l'âne* ne se compose pas d'une sottise isolée, comme le *quolibet*, comme le *calembourg*, mais d'une série de sottises rassemblées sans liaison : il est, à ces traits d'esprit, ce que la phrase est au mot. On disait originairement *sauter* du *coq à l'âne*, par allusion à certain avocat qui, ayant à parler d'un coq et d'un âne, parlait de l'*âne* à propos du *coq*, et du *coq* à propos de l'*âne* ; tendance d'esprit que Rabelais met au nombre des qualités précoces de Gargantua.*
Les gens qui pérorent aujourd'hui à l'imitation de Gargantua et de son modèle, font des *coq-*

---

* Voyez Gargantua, liv. 2, chap. 9.

à-l'âne. Ces gens-là sont plus nombreux qu'on ne pense; ils meublent les salons, ils abondent dans les assemblées délibérantes, ils fournissent les académies de Mémoires, et l'on peut mettre à leur tête l'auteur de cette Dissertation.

Pour copie conforme :

ANTOINE S***, *secrétaire perpétuel de l'Académie de Guignes.*

Nota. Le sujet du concours de l'année prochaine est une Dissertation sur le mot *calembredaine*. Indépendamment de la couronne, l'auteur du meilleur ouvrage recevra une médaille de cuivre du poids de six décagrammes, dont un amateur a fait les frais.

༺༻

Paris, le 17 avril 1812.

IL y a près de vingt-cinq ans, M. l'Hermite, que j'ai quitté Moulins pour venir m'établir à Paris. Maître d'une fortune indépendante, je me suis dégoûté de la vie de province du moment où j'en ai connu les inconvéniens. Quelque régulière que soit ma manière de vivre, je n'ai point l'orgueil de défier la malignité publique, et je ne connaîtrais rien de plus incommode qu'une maison de verre comme celle que voulait habiter je ne sais plus quel Romain.

Vous saurez donc que ce qui m'a fait prendre ma ville natale dans une espèce d'aversion, c'est le registre qu'on y tenait des moindres actions de ma vie : on savait presqu'aussitôt que moi de quel côté j'allais à la chasse; combien de pièces de gibier j'avais tuées, les distributions que j'en avais faites, la dame à qui j'avais envoyé les perdrix rouges; l'on tirait de là, sur mes liaisons, des conséquences à perte de vue, et les conjectures d'une maison passaient pour des certitudes dans une autre : je ne pouvais pas donner à dîner à quelques amis qu'on ne sût aussitôt quels étaient les convives, combien d'entrées, d'entremets, de plats de dessert on avait servi sur ma table : je ne puis vous dire combien ce commérage m'était odieux; mais ce qui mit enfin ma patience à bout, et qui détermina ma fuite, ce fut la manie des mariages. Deux ou trois commères se mirent en tête de me marier, et firent si bien qu'elles me brouillèrent avec plusieurs familles de la ville, en me prêtant des intentions conjugales que je n'avais jamais eues, et que je me garderai bien de remplir.

Je pris un beau jour mon parti; je réalisai mes capitaux, et je vins me fixer dans la capitale, où je goûtai pendant vingt ans tous les plaisirs de l'*incognito* ; mais, hélas ! M. l'Hermite, bien que ma conduite devienne de jour en jour plus irréprochable, que le mystère ait moins d'attrait et moins d'utilité pour moi, je ne vois pas sans chagrin s'introduire à Paris tous les ridicules, tous les travers de la province. Les salons, où l'on ne vous demandait compte autrefois que du tems que vous y passiez, ont tous, aujourd'hui, leurs *commères* en titre d'office, aux yeux et à la langue desquelles il est impossible d'échapper. Ces vieilles femmes, des deux sexes, à l'affût des moindres circonstances, promènent chaque soir, de maison en maison, un bulletin d'aventures, d'anecdotes, de *dits* et *redits*, qu'elles ont rédigé le matin en commun. J'arrive chez M. de R..... Quelqu'un court à moi, et me dit à l'oreille, de manière à être entendu de vingt personnes ;

« Eh bien! on vous a vu hier; vous avez dîné avec Clarisse chez le Suisse des Tuileries. — A propos! me dit un autre, depuis quand allez-vous au *Quinze* de Mme de Limeuil? — Prenez garde à Mme de Rochemont, ajoute un troisième : vous étiez avec elle hier à la galerie *Giustiniani*; c'est une femme dangereuse, je vous en préviens. — Comment donc, poursuit un grand ricaneur à besicles, vous allez en loge grillée à Feydeau, et avec Mme de Sennecourt, encore! Je le dirai à Mme d'Anceny, vous pouvez y compter. » — Et j'y compte effectivement. Ajoutez à cela les tracasseries de toute espèce, les petites bouderies bourgeoises, les lettres anonymes, les assauts de vanité, les disputes de jeu, les petites guerres d'amour-propre, les nouvelles de café et les caquets d'une éternelle médisance; tel est, ou du moins, tel me paraît être aujourd'hui l'esprit qui règne, à quelques exceptions près, dans tous les salons de Paris. Je compte sur vous, M. l'Hermite, pour attaquer un ridicule qui donne à la capitale du monde la physionomie d'une petite ville de province, et qui finirait par lui faire perdre ce renom d'urbanité, cette élégance de mœurs, cette variété de forme, ce charme d'indépendance qui la distinguent depuis si longtems entre toutes les villes du monde.

A. S. des Ch....

Pontarlier, 2 mai 1812.

Je viens d'apprendre, M. l'Hermite, dans un petit voyage que j'ai fait pour recruter ma troupe, les démêlés qui ont eu lieu dans une de vos grandes villes, entre le directeur des spectacles et l'agent des auteurs; j'ai recueilli quelques observations sur ce sujet, dans la petite ville où je suis depuis plusieurs années directeur d'une troupe de comédiens aux talens desquels aucun genre n'est étranger, depuis l'opéra jusqu'au mélodrame inclusivement.

Au nombre des charges que nous supportons, nous autres malheureux directeurs, on ne compte pas pour tout ce qu'il pèse, pour tout ce qu'il a d'injuste et d'odieux, l'impôt dont nous grèvent les auteurs: en effet, conçoit-on que Molière, Racine, Corneille et Voltaire nous laissent jouir gratuitement de leurs immortelles productions, et que nous soyons obligés de payer *Jocrisse* aux héritiers de Dorvigny? Il est vrai que le public, qui sait par cœur les chefs-d'œuvre, s'obstine à ne pas venir les entendre ; qu'il lui faut du nouveau, *n'en fût-il plus au monde*, et fût-ce même des bêtises; mais il ignore ce que ces bêtises-là nous coûtent ; il ne voit pas chaque soir le receveur du droit des auteurs dramatiques, le sac en main, prélevant le plus pur de la recette, au nom de ses avides commettans. N'êtes-vous pas frappé comme moi, M. l'Hermite, de tout ce qu'il y a d'absurde et d'inconvenant dans cette double prétention d'argent et de gloire qu'affichent les indigens successeurs de Molière et de Racine? Mon *père noble*, qui a fait ses études à Chartres, me disait l'autre jour, qu'un nommé Sophocle, auteur de quelques belles tragédies qu'on ne joue plus, se contentait, pour ses droits d'auteur, d'une couronne de chêne. Tel devrait encore être le salaire de l'homme de lettres : cette récompense est la seule qui convienne à la noblesse de sa profession ; mais, en admettant qu'il puisse ravaler la dignité de son caractère jusqu'à s'occuper du plus vil intérêt, doit-on *tirer d'un sac deux moutures ?* Les pièces, avant de paraître sur les théâtres de province, n'ont-elles pas été payées généreusement par les directeurs de Paris ? Par exemple, ne sait-on pas que *la Chatte Merveilleuse* a rapporté près de douze cents francs à chacun des auteurs ? Il est bien vrai que cette même pièce a valu cent mille francs à l'administration du théâtre où on la joue ; mais aussi quel talent, quelle variété de connaissances, quelles études profondes, quel génie, en un mot, ne faut-il pas pour conduire une entreprise théâtrale ! C'est bien le moins que la fortune soit le prix de nos honorables travaux.

J'ajouterai une dernière observation, qu'on peut, je crois, regarder comme un principe : une pièce livrée à l'impression devient, comme tout autre livre, comme tout autre chose, la propriété particulière de celui qui l'achète ; et l'acquéreur doit pouvoir à son gré lire, chanter, réciter ou débiter, comme bon lui semble, les vers ou la prose qu'il a payés, sans avoir de compte à rendre à l'auteur. On aura beau raisonner sur cette question, il faudra toujours en revenir à cette réflexion lumineuse d'un acteur bergamasque, fameux dans l'administration de la Comédie-Italienne : « *Tant qu'il y aura des auteurs, la comédie elle ne pourra pas susister ; et d'aillours, qu'est-ce que ces messiours ils demandent de piu ; ils sont zoués tous les zours ?* »

Si, comme je le crois, vous êtes frappé de la justesse de mes observations, je vous autorise, M. l'Hermite, à publier ma lettre, c'est un service que vous rendrez à l'art théâtral.

CERFORT, *directeur du théâtre de Pontarlier.*

~~~~~~~~~~

Paris, le 17 mai 1812.

Vous avez pris une tâche bien difficile, M. l'Hermite, lorsque vous vous êtes chargé de combattre les travers, d'attaquer les ridicules, de corriger les mœurs des Parisiens ; vous êtes sûr, au moins, que la matière ne vous manquera pas de sitôt, et que vous avez ouvert à vos propres observations et à celles de vos collaborateurs un champ dont on ne saurait assiguer les limites : j'en pourrais défricher un petit coin, si vous me permettiez de vous adresser, de tems à autre, quelques remarques sur les ridicules des femmes à la mode : je suis admirablement placé pour les recueillir, et je n'ai besoin pour cela que de tenir note de ce qui se passe dans ma propre maison. Le ciel, qui se plaît aux contrastes, après m'avoir donné les goûts les plus simples, a voulu que je fusse le mari d'une femme pour qui toutes les frivolités du luxe sont des besoins de première nécessité : je me suis plaint, j'ai pris de l'humeur, et j'aurais pu, en y mettant une volonté plus ferme, faire cesser un mal sur lequel j'ai fini par prendre mon parti, en voyant que ma femme souffrait plus des privations que je lui impose, que je ne souffrais moi-même en l'abandonnant à ses goûts. J'ai vu successivement ma maison se remplir d'albâtres de Florence, de bronzes antiques, d'estampes anglaises, de figures en biscuit, de vases étrusques, de meubles en laque du Japon, et de tapis persans. Tous ces objets de fantaisie, relégués tour-à-tour dans le garde-meuble, en perdant de leur prix à ses yeux, n'en conservaient pas moins une valeur réelle, tandis que le goût nouveau dont elle est infatuée, est tout entier en pure perte. Les pots de fleurs, les *jardinières* ont envahi les salons, la salle à manger, les antichambres, les corridors, et jusqu'à l'escalier de mon hôtel ; les belles pelouses de mon jardin ont été transformées en carrés de tulipes et de jacinthes : ma femme va deux fois par jour chez M. Tripet, et n'en revient qu'après avoir rempli sa voiture de boutures, d'oignons de toute espèce, que ce courtier de Flore lui fait chèrement payer. Croiriez-vous, M. l'Hermite, qu'il y a tel oignon de tulipe, sous le nom du *Grand-Monarque*, du *Maréchal de Turenne*, ou de *la Belle Gabrielle*, qui nous coûte jusqu'à cent écus la pièce ? Le printems, que tout le monde désire, est un véritable fléau pour moi ; ma maison est en proie aux jardiniers ; ils me poursuivent par-tout, l'arrosoir à la main ; et mon cabinet est la seule pièce de la maison que je leur dispute encore. Ma femme, le catalogue descriptif de M. Tripet en main, conduit leur brigade, dirige les plantations, et place les étiquettes. Elle se lève avant le jour pour les progrès de la végétation; et le développement de la corolle d'une tulipe, dont elle aura prédit la couleur et le panache, la jette dans des ravissemens dont je ne la croyois pas susceptible. Ces jouissances éphémères vont passer avec la saison, et j'aurai vu dissiper en quelques semaines des sommes considérables dont il était impossible de faire un plus misérable emploi. Grâces au ciel, et à vous, M. l'Hermite, *la frivolité* commence à faire diversion à la manie ruineuse des tulipes et des anémones; ma femme y prend goût, et de tous ses caprices, c'est, à coup-sûr, celui qui m'aura coûté le moins cher.

Agréez, je vous prie, mes salutations,

L. Vertpré.

Paris, le 27 mai 1812.

Il y a vingt-sept ans, M. l'Hermite, que j'habite la rue Charlot, où je suis propriétaire d'une jolie maison qui me rapporte, non compris mon logement, cinq bonnes mille livres de rente, toutes impositions payées. Je ne sors guère de mon quartier, et je n'ai pas honte de vous dire que je n'ai été à la Comédie-Française que trois fois dans ma vie : à la première représentation d'*Irène*, à la retraite de Préville, et à la dix-septième représentation de *Misantropie et Repentir*; mais aussi vous conviendrez qu'il y a trente ans le boulevart du Temple offrait des ressources qu'on n'y trouve plus, et que toutes les joies de la terre étaient concentrées dans ce petit coin du monde. Là, j'ai vu s'élever et fleurir les théâtres d'Audinot, de Nicolet, des élèves de l'Opéra et des Associés; j'ai vu les beaux jours de Mlle Julie, de Mlle Laforest, de Placide, du Petit-Diable et du singe de Nicolet (fort au-dessus du général Jacquot, soit dit sans offenser personne); j'ai vu la grande vogue du café Yon, à laquelle Mme Yon n'était pas étrangère : quelle femme que cette dame Yon, mon cher Hermite ! Je ne pense pas, sans attendrissement, aux momens heureux que j'ai passés près de son comptoir. J'ai vu les parades de l'Ecluse, les figures de Curtius, les petits soupers de Bancelin et les brillantes parties de paulme de Charrier. Avouez qu'il est permis de se montrer difficile en plaisirs quand on en a goûté d'aussi vifs. C'est sur-tout en fait de *parades* que la décadence de mon boulevart me paraît plus sensible. Je m'arrête en vain comme autrefois, devant tous les tréteaux ; je n'y trouve plus cette gaîté burlesque des *Léandre*, cette bonhomie des *Cassandre*, cette naïveté divertissante des *Paillasse* de mon tems, que Préville et Dugazon venaient quelquefois observer. Il n'est pas jusqu'à la race de *Polichinelle* qui ne soit visiblement dégénérée. La *pratique*, dont il ne sait plus faire usage, ses plats quolibets ne font plus rire, même de pitié, les bonnes et les enfans. Le monstre du mélodrame étend sa triste influence jusque sur ces baraques que Le Mierre appelle des

Opéra sur roulette et qu'on porte à dos d'homme.

Mais à propos de monstres, ne trouverez-vous pas un moyen, mon cher Hermite, de faire rentrer dans l'ombre des hôpitaux *ces enfans à quatre bras*, *ces femmes velues*, ces dégoûtans Crétins qu'on nous donne pour des *gentilshommes lapons*, et tant d'autres monstruosités dont l'exposition est un reproche à la nature, un outrage aux mœurs et à la morale publique ?

Si vous avez quelque crédit sur l'opinion,

faites ensorte, je vous prie, qu'elle se prononce contre tous les genres de monstres et qu'elle nous ramène sur le boulevart du Temple, à la place du *Mélodrame*, de *l'Enfant qui pèse deux cents livres*, de *la Femme aux écailles*, et les pantomines de Lazari, les parades de Pompée et de Prévost, les oiseaux hollandais, le concert des chats et le ballet des dindons ; c'est alors que je croirai renaître aux beaux jours de ma jeunesse, et qu'on ne me fera plus le reproche de passer toutes mes soirées sur la terrasse du Jardin des Princes, à bâiller au nez des gens qui s'y promènent.

Tout à vous, M. l'Hermite,

P. Dumont, *rentier, rue Charlot*, n° 76.

Paris, 30 mai.

Ma santé s'est terriblement altérée, depuis que je vous ai écrit, M. l'Hermite. Des travaux qui ne sont pas tous de tête, des veilles multipliées qui n'ont pas été passées toutes dans le plaisir, tout cela use ; je commence à m'en apercevoir. Me voilà forcé de m'occuper de ma santé. Trois médecins que j'ai consultés, quoique d'avis différens sur le siége de mon mal, sont d'accord sur le remède. L'un, remarquant que j'étais sujet à une toux sèche et fréquente, en a conclu que l'organe pulmonaire était affecté, et sachant que je n'étais pas assez riche pour aller guérir ou mourir aux eaux, m'a conseillé l'air natal et le lait d'ânesse. Le second, prétendant que la maladie était dans les hypocondres, et que la toux n'était pas un diagnostique de phthysie pulmonaire, mais seulement l'effet d'une affection sympathique, adopta néanmoins, quant aux moyens de curation, l'opinion de son ancien, et me conseilla comme lui l'air natal et le lait d'ânesse. Le lait d'ânesse et l'air natal m'ont été ordonnés aussi par le troisième, qui, partisan comme le préopinant des affections sympathiques, plaçait la cause de mon mal de poitrine dans ma tête, que je crois pourtant plus saine encore que la sienne.

Me voilà donc, M. l'Hermite, retiré à Fontenai avec trois maladies et un seul remède; ce qui, tout bien considéré, vaut mieux que trois remèdes pour une seule maladie.

Indépendamment du régime susdit, mes trois docteurs m'ont recommandé l'exercice. Promenez-vous pour rétablir vos forces.—Rétablissez mes forces, docteurs, pour que j'aille me promener.

Grâce à ma bourique, cependant, j'ai trouvé le moyen de ne contrarier ni les médecins qui m'ordonnent le mouvement, ni la nature qui me l'interdit. Porté par ma nourrice, je me promène sans trop me fatiguer, et j'ai l'avantage d'avoir par-tout avec moi ma cuisine, ou ma pharmacie, si mieux vous l'aimez.

D'après cela, je puis sans trop d'imprudence entreprendre d'assez longues courses; et comme je pense qu'un homme raisonnable ne doit pas faire un pas qui n'ait un but utile, je me suis mis à visiter les jardins des environs. Des excursions faites dans cet intérêt me donnent un plaisir que je retrouve encore chez moi, soit en rédigeant un précis de ce que j'ai remarqué, soit en relisant ce précis, ce qui est encore une manière de se promener lorsque le mauvais tems ou une plus mauvaise disposition de santé me forcent à garder la maison.

Qu'est-ce qu'un jardin, M. l'Hermite? Il serait

possible que vous ne vous fussiez jamais fait cette question. Elle n'eût pas embarrassé un hermite des premiers tems ; mais devez-vous en savoir autant qu'un frère *coupe-choux*, vous, hermite *in partibus* ; vous qui ne connaissez pas plus votre hermitage que le fameux coadjuteur-évêque de Corinthe ne connaissait son évêché ? Un maraicher qui se trouve par hazard chez moi, m'a répondu pour vous. Un jardin, dit-il, est un enclos de quatre arpens divisé en planches aussi larges qu'il se peut, séparées par les allées les plus étroites qu'il se puisse, où je cultive, près des Invalides, des choux, de la laitue, des cardes-poirées et toutes sortes de légumes. Vous vous trompez, mon ami, dit M. Tripet, qui ne manque jamais de passer chez moi quand il vient renouveler le fleuriste du château, et il y vient souvent ; vous vous trompez : un jardin est un enclos de deux arpens près des Champs-Elysées, où je cultive des jacinthes, des anémones, des renoncules et des tulipes. — Quelques planches de tulipes ne sont pas plus un jardin que quelques carrés de choux, dit en interrompant M. Tripet, un ancien officier du duc de Penthièvre, qui pleure tous les jours pour plus d'une raison sur les ruines de Sceaux. Un vaste terrain distribué d'après les principes de *Le Nôtre* et les règles de la plus exacte symétrie, des parterres bordés et brodés en buis, des murs de charmilles, des allées droites et à perte de vue, des bosquets peuplés de statues, des bassins de marbre d'où s'élancent des jets-d'eau qui dépassent les arbres les plus élevés, Marly, Choisy, Sceaux enfin, voilà ce que c'est ou plutôt ce que c'était qu'un jardin.....—Pour un roi, mais non pas pour moi, dit vivement un de mes voisins, grand ami de la nature et créateur d'un jardin où les accidens les plus pittoresques répandus sur le globe se trouvent réunis dans un arpent. La nature, poursuivait-il, est tellement contrariée dans les jardins *français*, qu'il me semble qu'on ne peut s'y promener qu'en habit de cérémonie. Cette symétrie que vous vantez n'est pour moi qu'une source d'ennui. Dès que les deux moitiés d'un jardin se ressemblent, il me suffit d'en avoir vu une pour avoir une idée du tout. Quant à vos allées droites, est-il rien de plus mal imaginé ? Ou elles sont à perte de vue, et vous êtes épouvanté d'une promenade dont l'œil ne peut atteindre le terme;

ou ce but est proche, et vous êtes impatienté d'avoir le nez si près des murs de votre prison. Parlez-moi d'un *jardin anglais*; là, rien ne se ressemble; là, tout est surprise : des vallons, des montagnes, des lacs, des rivières, voilà ce que vous trouvez dans les grands comme dans les petits. Un jardin anglais est un abrégé de la nature, une miniature de l'univers. »

On m'annonça sur ces entrefaites, que mon ânesse était sellée. Je demandai à ces Messieurs la permission de lever la séance, et je me mis en route tout en récapitulant ce qui avait été dit. Chaque interlocuteur, en vantant le jardin de son goût, avait bien démontré les défauts des jardins d'un autre genre; mais aucun ne m'avait fait connaître un jardin sans défauts, ou plutôt chacun avait décrit un jardin conforme à son goût, mais aucun un jardin qui satisfît le mien.

Ma course fut longue ce jour-là. Connaissant tous les environs et voulant voir du neuf, je la poussai jusqu'au village de... à plus de deux lieues de chez moi. J'y voulais voir un jardin dont j'avais entendu vanter la magnificence. Rien de plus magnifique en effet. La noble simplicité qui se faisait admirer du règne du marquis *de Roquefeuille*, qui le créa, disparaît journellement sous les ornemens qui s'y multiplient, grace au goût de M. *de la Broquette*, son nouveau propriétaire. La retraite d'un grand seigneur n'était pas digne d'un marchand de clous dorés. Aussi le nombre des temples, des rochers, des chapelles, des kiosques, des hermitages, des ponts, des jeux de bague, des balançoires et des *joujoux* de toute espèce, s'est-il accru dans une telle proportion, que ce beau lieu l'emporte aujourd'hui sur toutes les guinguettes de la capitale, et le dispute même au *Tivoli*, non pas d'Horace, mais de la rue de *Clichy*. L'ancien propriétaire avait dépensé à-peu-près cinq cent mille francs pour embellir ce terrain, il en a coûté un peu plus du double au nouveau pour le gâter.

Je sortis peu satisfait de ce jardin, qui passe pour le plus beau du pays, et je reprenais déjà la route de Fontenai, sans songer à en voir d'autres, quand j'aperçus, à la faveur d'une porte entr'ouverte, un enclos qui me parut cultivé avec soin. Le jardinier, à qui j'allais demander la permission d'entrer, m'avait déja prévenu

par une invitation : « Monsieur me paraît faible,
» dit-il, mais s'il veut prendre mon bras il
» fera sans peine le tour du jardin. D'ailleurs,
» il trouvera de distance en distance des siéges
» pour se reposer. » Je suivis à travers des
bosquets d'arbres et d'arbustes fleuris, une allée
large et doucement sinueuse, qui me conduisit
à un pavillon simple, mais élégant, assis sur le
sommet d'une colline. Là, cette allée se partage
en deux branches, dont l'une passe à droite et
l'autre à gauche du bâtiment, en face duquel
une prairie verdoyante, bordée de bocages de
formes irrégulières, se déploie et descend insensiblement jusqu'au fond du vallon. La prairie
est coupée par une rivière dont l'eau limpide
semble s'épurer encore par des cascades qu'elle
forme à travers les rochers. Des bois délicieux
servent de bornes à cette propriété, mais non
pas à la vue qui, après avoir suivi librement le
cours de cette riante vallée renfermée entre deux
coteaux couverts de bois et d'habitations, parsemée de villages et de hameaux, et riche de
tous les genres de culture, va s'arrêter sur la
capitale, qui remplit de son immensité le fond
de la perspective. Après avoir admiré le choix

d'un tel site je visitai le jardin dans le plus grand détail. « Il n'en est pas de ce jardin comme de celui du château, me dit mon guide ; Monsieur veut que tout le monde en vive, bêtes et gens. Cette prairie est le potager des chevaux; venez voir celui des hommes! » Nous étions alors sur un pont sous lequel il y avait de l'eau, ce qui ne se voit pas par-tout ; l'allée que j'avais suivie me conduisit à travers plusieurs cultures distribuées suivant la nature du terrain et celle de l'exposition. Ce potager ne formait pas un jardin à part, mais il ornait le jardin auquel il était lié avec un art admirable. Je sus bon gré au propriétaire de n'avoir pas rougi de se montrer père de famille. Je reconnus son jugement et sa bienfaisance jusques dans les groupes d'arbres fruitiers de tout espèce qu'il avait habilement distribués dans la prairie et dans tous les endroits où ils pouvaient prospérer. C'est un bien sot préjugé à mon gré que celui qui exclut tout arbre utile d'un jardin d'agrément. Ces fleurs dont se couvrent le poirier, l'abricotier et le pommier, sont-elles moins agréables à l'œil que celles qui pendent de l'ébénier ou du merisier à grappes. A ces fleurs succéderont des fruits, autre ornement que ne vous offriront pas vos arbres de luxe. Un cerisier blanc comme la neige, au printems ; rouge comme le corail, en été, et paré pendant toute la belle saison de la verdure la plus gaie, ne vaut-il pas, à lui seul, tous ces arbres étrangers que vous cultivez avec tant de peine et si peu de profit ? On vous ménage des siéges par-tout où la fatigue peut vous atteindre, des abris par-tout où la chaleur peut vous incommoder ! Est-ce une attention moins digne d'un homme sensé que de vous offrir des rafraîchissemens, des alimens par-tout où le besoin peut vous surprendre ? Cette prévoyance me semble appartenir également à un bon cœur et à un bon esprit. Il y a tel moment en été où je ne fais pas moins de cas d'une poignée de groseilles que d'un bouquet de roses, tout galant que je me pique d'être.

Le même esprit d'utilité avait présidé à la distribution et à l'ornement des lieux de repos dispersés dans les différens points de cette propriété, dont on peut faire le tour sous un ombrage impénétrable. Ici c'était des bancs rustiques près d'une fontaine ; là, près de la rivière une cabane pourvue de tous les ustensiles de la pêche; ailleurs, une chaumière ouverte à la méditation ou au sommeil, ce qui se ressemble quelquefois ; plus loin un cabinet où l'on trouve tout ce qu'il faut pour écrire ; enfin, par-tout où le site comportait des statues choisies et placées d'une manière ingénieuse. A ces bustes antiques, ou modelés sur l'antique, qui peuplent ailleurs les bosquets, on a substitué ici ceux des grands-hommes de notre nation ; et par une recherche de cette obligeance que nous avons déjà remarquée, l'on a placé dans chaque socle l'histoire ou les ouvrages du grand-homme que représente le buste, suivant que c'est un héros ou un écrivain. Je crois qu'en effet, *Turenne*, *Racine*, *Molière*, *Condé*, *L'hopital*, *Fénélon*, *La Fontaine*, *Voltaire* et tant d'autres ne sont pas moins agréables à rencontrer dans un bois que *Néron*, *Agrippine* et *Caracalla*. *Corneille* n'est pas non plus indigne de l'apothéose. Et quelle hymne réciter devant le *Grand-Corneille*, si ce n'est une scène de *Polieucte* ou de *Cinna*?

Point de *jardins pittoresques* sans tombeaux, et ce n'est pas ce que j'approuve toujours. Ces tombeaux sont ou réels ou fictifs, pour pleurer ou pour rire. Je n'aime pas qu'on exagère la douleur; j'aime moins encore qu'on la parodie. Sont-ils réels ? il y a plus d'un inconvénient à cohabiter ainsi avec les objets de ses regrets. Le moindre n'est pas de s'exposer à trouver les bornes de sa propre sensibilité : de plus, les éclats de joie qui échappent à l'étranger, auprès de ces reliques chéries, ne sont-ils pas de vraies profanations auxquelles vous les exposez ? Qui vous assure enfin que cette terre où elles dorment ne sera plus remuée ? que le respect dont vous la couvrez sera transmis aux propriétaires qui vous succéderont ? que le sommeil des morts ne sera pas troublé ? Songez-y : cela peut arriver par-tout ailleurs que dans l'asile inaliénable qui leur est ouvert, sous la protection de la société et de la religion.

Les tombeaux habités m'attristent, parce qu'ils disent trop ; les tombeaux vides me déplaisent, parce qu'ils ne disent rien : mais je ne regarde pas comme un tombeau vide un *cénotaphe* élevé à la mémoire des êtres que nous avons aimés. Le cénotaphe est au tombeau ce que la douleur est à la mélancolie ; c'est un tombeau sans horreur, comme elle une douleur sans désespoir.

Un cénotaphe bien simple, ombragé par un saule pleureur, et placé sur le bord d'un ruisseau, attira mon attention ; je n'y lus pas sans attendrissement ce passage de l'idylle la plus touchante qui ait été faite :

Illic sedimus et flevimus dum recordaremur...... *

Ces mots avaient été écrits par des mains paternelles. Je m'éloignai de là tout pensif.

Le tems s'était écoulé rapidement. Cinq heures sonnaient ; il fallait regagner mon gîte ; je me remis en route plus content de ce jardin dont personne ne parle, que de ceux que tout le monde m'a vantés. Il me semble que cette alliance de l'utile et de l'agréable est ce que l'on doit rechercher dans la retraite, et caractérise sur-tout la retraite du sage, qui ne repousse pas moins la superbe monotonie du *jardin français* que la stérile variété du *jardin anglais* ; il me semble enfin que si Horace, que j'irai

---

(* *Traduction* : Là, nous nous sommes assis, et nous avons pleuré en nous ressouvenant.

peut-être bientôt revoir, revenait au monde, il dirait comme moi, en voyant le jardin que je viens de décrire : *Voilà ce qu'il me fallait.* » *Hoc erat in votis.*

GALAND, *de Fontenai-aux-Roses.*

Paris, le 2 juin 1812.

MARTIN, *de Picpus, professeur,* à DUPONT, *de Pantin, professeur,* salut. Cette formule, mon cher confrère, ne doit vous surprendre ni ne vous déplaire ; c'est celle qui était en usage entre gens qui parlaient latin avant nous, et mieux que nous; celle dont *Cicéron* se servait en écrivant à *César*. De la république romaine j'aimerais à la voir passer dans la république des lettres. Il n'en est pas, à mon gré, de plus convenable entre doctes. Cela posé, salut encore, et parlons d'autre chose.

Vous faites donc à *Pantin* le même métier que moi à *Picpus*? Je vous en félicite. Vous êtes là en bon air ; au pied des bois fleuris de Romainville, sur les bords du canal de l'Ourcq, près des riantes cultures des prés Saint-Gervais, vous vivez dans une contrée céleste, vous respirez dans une atmosphère embaumée. Comment la jouissance de tant d'objets délicieux n'influe-t-elle pas davantage sur vos dispositions morales ? Le bien-être, ce me semble, prépare l'homme à l'indulgence. Pourquoi m'offrez-vous un exemple du contraire ? Pourquoi cette inflexible sévérité de principes que vous soutenez, il est vrai, avec une urbanité peu commune ?

C'est un mérite rare en tout tems, et surtout aujourd'hui, que la politesse dans une discussion même littéraire. Mais un mérite non moins recommandable, et que vous ne possédez pas aussi éminemment, c'est celui d'y apporter la bonne foi la plus scrupuleuse; de ne pas dénaturer la question discutée pour combattre l'adversaire avec plus d'avantage. Les ruses qu'on admire dans un capitaine, on les blâme dans un *controversiste*. C'est par elles qu'*Annibal* et le père *Escobar* sont devenus célèbres. Mais si vous aviez à choisir entre ces deux célébrités, tant soit peu différentes, préféreriez-vous, en conscience, celle du Jésuite à celle du Carthaginois? Rétablissons donc la guerre sur mon terrain, et ne cherchez plus à m'attirer sur le vôtre. Ne changez point ma proposition en m'accusant de désirer la propagation du *monstre* auquel vous donnez si vertement la chasse de concert avec cet autre correspondant de l'*Hermite*, qui ne parle jamais de *paillasse* sans pleurer de n'en plus rire.

Le *monstre* existe, mon cher confrère; j'ai tâché d'expliquer les mystères de sa génération. Les causes qui l'ont produit me paraissant devoir le conserver, j'ai cherché si l'on ne pouvait pas tirer quelque profit de l'existence qu'on ne pouvait lui ôter. Ce n'est-là, ce me semble, que vouloir rendre supportable ce qu'on ne peut pas empêcher; ce n'est pas favoriser la propagation du *monstre* que je crois indépendante de notre volonté, mais indiquer la manière de le rendre utile; soin qui ne me semble pas indigne d'un bon esprit tel que le vôtre ou le mien.

Au reste, pour ne plus laisser d'incertitude sur mon *orthodoxie littéraire*, et ne pas encourir l'anathème de la part de l'*Hermite* auquel vous me dénoncez, je vais commencer par poser quelques questions, résumé de votre article que je ferai suivre de réponses, résumé du mien ; et ma profession de foi ainsi faite, nous reprendrons la discussion.

DIALOGUE.

VOUS.

J'aime mieux *la parade* que le *mélodrame*.

MOI.

Et moi aussi.

VOUS.

Ce n'est pas un genre que le *mélodrame* !

MOI.

C'est le résultat de la confusion de tous les genres.

VOUS.

Si le *mélodrame* n'existait pas, serait-il à désirer qu'on l'inventât ?

MOI.

Non. Mais au milieu d'un peuple toujours avide de sensations nouvelles, et à une époque si féconde en esprits bizarres, il était difficile qu'il ne fût pas inventé.

VOUS.

Vous pensez donc que ce serait rendre service au goût que de le détruire ?

MOI.

Il faudrait d'abord que cela fût possible.

VOUS.

L'*Hermite* va prêcher une croisade contre le *monstre*. Unissez-vous à lui, à moi, à tous les gens de goût, et nous en viendrons à bout.

MOI.

Vous n'en viendrez pas à bout, parce que, fût-il attaqué par tous les partisans du bon goût, il sera défendu par tous les partisans du mauvais, et que, dans la bataille, nous serons un contre mille.

VOUS.

Que faut-il donc faire ?

MOI.

Ce qu'on fait avec les barbares : confiner le *mélodrame* dans le pays qu'il a envahi, et le civiliser si l'on peut.

vous (*en levant les épaules*).

Si l'on peut, c'est bien dit !

MOI (*avec un petit mouvement de tête*).

Quelque soin qu'on y apporte, je sais bien qu'il y aura toujours entre un ouvrage de ce goût et un ouvrage de bon goût, la différence qu'il y a entre la politesse de *Moustapha* et celle d'un chevalier français; mais enfin, puisqu'il faut vivre avec *Moustapha*, c'est beaucoup qu'il cesse d'être barbare.

Il est fâcheux, mon cher confrère, que le soldat se porte avec tant d'empressement et d'opiniâtreté dans ces cabarets où il s'enivre de mauvaises liqueurs; mais puisqu'on ne peut le corriger de ce penchant, faisons ensorte, du moins, que ce qu'il boit ne lui soit pas nuisible; bien plus, faisons ensorte que cela lui soit utile. Un verre d'eau-de-vie de qualité médiocre a souvent produit de bons effets au moment de l'assaut ou de la bataille.

C'est dans un intérêt semblable que je propose de prendre dans notre histoire les sujets des pièces à donner au peuple. Vous vous fondez, vous, sur ce qu'un sujet national a été ridiculement traité aux boulevarts, pour avancer que tous les sujets nationaux y seront traités ridiculement. Mais cela n'est pas plus juste que de conclure de ce qu'un auteur a donné aux Français une bonne comédie, que l'on ne donnera que de bonnes comédies aux Français. Les lois de la saine logique ne permettent pas de conclure ainsi du particulier au général.

Des fautes grossières nous choquent dans le *mélodrame*; mais sont-elles particulières à ce genre? Hélas! non. L'emphase ridicule du style, l'exagération des sentimens, l'invraisemblance des situations, la violation des mœurs, sont des défauts communs à tous les ouvrages dramatiques : il peut y avoir des *mélodrames* bien écrits comme il y a des *tragédies* mal écrites. Il peut y avoir des situations touchantes et naturelles dans un *mélodrame*, comme il y en a de ridicules et d'invraisemblables dans des *tragédies*.

Quand à l'inexactitude dans les costumes et les décorations, n'est-ce donc qu'aux boulevarts que vous l'avez remarquée? Moi, qui vais quelquefois au *Théâtre Français*, quand j'ai des billets d'auteurs, je puis vous certifier qu'on n'y est pas plus scrupuleux qu'ailleurs sur cet article. J'y étais la dernière fois qu'on a joué *les Plaideurs*. Au milieu de la décoration s'élève un marronier vert et fleuri comme ceux des Tuileries au mois de mai. L'action se passe pourtant en plein hiver. Si vous ne m'en croyez pas, croyez-en maître l'*Intimé* qui en précise ainsi la date dans son exploit :

. . . . *Sixième janvier.*
Pour avoir faussement dit qu'il fallait lier, etc.

Cette invraisemblance, qui subsiste depuis que la décoration est faite et durera autant qu'elle, car ce théâtre-là tient à ses vieux meubles, n'a pourtant jamais choqué le parterre, qui n'a pas toujours raison, même quand il ne siffle pas. Autre fait : Quelque tems auparavant, le jour de la *Mort d'Annibal*, de quelle manière croyez-vous qu'étaient équipées les troupes du roi de Bithynie ? devinez. A la grecque ? Non. A la turque ? Non. A la romaine ? Non. A la prussienne ? Non : mais à la chinoise, car vous ne vous en douteriez jamais. Oui, les soldats de *Prusias* étaient vêtus en *tigres de guerre* * ; les caporaux, sous-lieu-

---

* C'est ainsi que l'on nomme, d'après leur costume, certains soldats chinois. (V. le *Voyage de Macartney*.)

tenans, lieutenans et capitaines en mandarins bleu-vert, rouges ou jaunes, suivant l'importance de leurs grades; pas un héros romain, bithynien ou carthaginois qui ne soit entré escorté d'un groupe de *magots*, qui fit croire à de bonnes gens qui connaissent plus *Panurge* que *Nicomède*, que la scène se passait dans *l'Isle des Lanternes*. N'allez pas penser pourtant que ce soit pour cela que la pièce est tombée. J'ai entendu, en sortant, des connaisseurs louer la beauté et la vérité des costumes, qui, à la fraîcheur près, peuvent bien mériter cet éloge quand on les emploie pour *l'Orphelin de la Chine*.

C'est contre de telles inconvenances, en tel lieu, qu'il faudrait se fâcher, mon cher confrère. Elles sont sans conséquence aux petits théâtres, mais aux grands elles sont sans excuse.

Mais, revenons à *nos* ou plutôt à *notre mouton*. Quand votre opinion prévaudrait contre la mienne, le *mélodrame* n'en survivrait pas moins; mais il s'alimenterait exclusivement de sujets tirés de la Bibliothèque bleue, du Cabinet des Fées, ou qui pis est, des romans nouveaux. Que gagneriez vous, dites le moi, à le réduire à cette nourriture ? Des traits de notre histoire modifiés dans les proportions commandées par les convenances dramatiques, seraient-ils donc plus propres à détériorer l'esprit du peuple que *la Barbe-Bleue*, *le Chat-Botté*, *la Belle au bois Dormant*, *Riquet à la Houpe* ou *le Petit-Poucet* ? J'ai, vous le savez, quelque prédilection pour ce héros-nain. J'admire, avec le peuple, les ruses par lesquelles il se tire d'entre les dents de l'ogre; mais doutez-vous que le peuple n'admirât avec moi les hauts-faits de nos preux ? de notre *Duguesclin*, par exemple, quand, une jambe cassée, il s'adosse contre un mur, et seul fait face à cinq Anglais ? C'est mon héros que ce brave homme; il deviendrait bien vite celui du peuple qu'il a si constamment respecté et si vaillamment défendu. Le verrait-il, sans admiration aliénant son patrimoine pour racheter les prisonniers français, lui seul excepté ? et l'ennemi apportant sur son cercueil les clefs d'une place qui se rend à l'ombre d'un grand-homme, serait-il accueilli sans enthousiasme ? La loyauté de *Dunois*, l'intrépidité de *Clisson*, la générosité de *Bayard*, les remords du *connétable de Bourbon* n'exciteraient pas moins l'intérêt et l'admiration du peuple, qui ne connaît les noms célèbres de notre histoire, que parce que les héritiers des hommes qui les ont illustrés se font appeler quelquefois par les *aboyeurs*, à la porte de nos spectacles.

Vous convenez avec peine du mérite de *Shakespeare*, comme historien : est-ce parce qu'il est peu fidèle ? Je ne l'ai pas nié. Mais, encore une fois, ses infidélités tournent à l'avantage de sa nation, et dans l'intérêt que je discute, ce n'est pas un tort. Plût à Dieu que nos *mélodramatiques* le prissent pour modèle et fussent en état de l'imiter ! Auprès de *Racine*, de *Corneille*, de *Voltaire*, pour lesquels j'ai quelque goût, ainsi que vous le soupçonnez, *Shakespeare* est un barbare; mais c'est un barbare de génie. Son fatras abonde en traits sublimes : toute passion s'exalte sous sa plume; mais aucune n'en reçoit plus d'énergie que celle que je voudrais réveiller, que cet amour du pays dont les tragiques grecs étaient inspirés, et qui, parmi les modernes, n'a guère été bien senti en France, que de *Voltaire*, de *Dubelloy* et de *Corneille*, quoiqu'il ne l'ait développé que dans des sujets romains, car cette ame-là était de Rome.

Je serais fâché, j'en conviens, que *Corneille*, *Voltaire*, ou même *Dubelloy*, eussent négligé la scène tragique pour la scène héroïque des boulevarts. Moins facile que vous, je serais désolé qu'un homme doué du génie de *Shakespeare*, s'emparât de cette scène pour la perfectionner; j'aimerais bien mieux qu'il allât se perfectionner lui-même au *Théâtre-Français!* mais je verrais avec plaisir, je l'avoue, les *Corneille* et les *Racine* de *l'Ambigu* et de *la Gaîté* se rapprocher, quant aux fins, des hommes supérieurs dont ils diffèrent si fort quant aux moyens. Je leur souhaite enfin le discernement qui fait éviter les fautes. Quant à la faculté qui crée les beautés, Dieu veuille l'accorder aux successeurs de *Racine!*

En récapitulant, mon cher confrère, je vois que nous nous entendons sur un point, le seul après tout que j'aie intention de défendre : c'est que notre histoire peut fournir d'heureux sujets de drames, et que si ces sujets étaient traités avec talent, même en *mélodrame*, ils ne seraient pas vus sans intérêt et représentés sans utilité. Pour être certains du fait, faisons-en l'expérience : joignons l'exemple aux préceptes, et montrons à la France ce que le *mélodrame* peut devenir entre des mains habiles. Que notre judicieux *Hermite* choisisse dans l'histoire de nos quatre dynasties le sujet qui lui paraîtra le plus dramatique, l'auteur d'*Artaxerce*, que nous nous associerons, fera le plan du mélodrame, et l'on sait qu'il s'y entend; vous vous chargerez des héros, et moi des niais; il nous faudra quelques morceaux lyriques, une romance, une ronde, un vaudeville; mais qu'est-ce qui n'en fait pas? N'est ce pas de cette manière que tout homme qui n'est pas bête, jette sa gourme en sortant du collége? Nous trouverons facilement un collaborateur pour cette partie, si ce pauvre M. *Galand* ne peut pas s'en charger. A propos, je vous remercie de me donner de ses nouvelles; faites-lui mes complimens, ils sont bien sincères; car je n'aime personne plus que lui.

Si le projet vous plaît, intercédez, je vous prie, pour moi auprès de l'*Hermite*, et engagez ce révérend à lever l'excommunication qu'il a fulminée contre les faiseurs de *mélodrames*, leurs fauteurs et adhérens. Ces gens-là sont plus innocens qu'il ne le croit. De la tolérance, même aux boulevarts, de la tolérance, confrère! vivons en paix, malgré le *mélodrame*, qui a dégoté *Paillasse*, comme on dormait en paix lorsque le drame a détrôné *Molière*, qui n'en règne pas moins. *Tu autem vale et iterum vale.*

MARTIN, *professeur à Picpus.*

Paris, le 8 juin 1812.

MONSIEUR L'HERMITE, si je n'avais pas encore plus d'amour pour la vérité que d'amour-propre, je craindrais de me mettre au nombre de vos correspondans, et je ne réclamerais pas dans votre Ouvrage une place qui pourrait être remplie par cet aimable M. *Galland*, de Fontenai-aux-Roses, à la santé duquel je prends un intérêt bien vif; par un certain *académicien de Caen*, qui joint à la malignité normande cette urbanité parisienne qu'on trouve si rarement en province, ou même par ce *maître de pension de Picpus*, dont je préfère les joyeux sophismes et les étranges paradoxes aux propositions les plus orthodoxes des docteurs.

Je me souviens d'avoir lu dans le livre de *l'Esprit*, qui n'est pas toujours le livre du bon sens, qu'on pouvait raisonner fort juste en partant d'un principe très-faux. Helvétius, pour démontrer cette proposition, va chercher ses exemples dans l'Inde; que ne citait-il son propre ouvrage? Pour moi, si j'étais chargé de mettre cette vérité en lumière, je me ferais une autorité de la lettre du professeur de Picpus sur le *mélodrame*. Je ne crois pas qu'il soit possible d'employer plus d'esprit, plus d'adresse et plus d'instruction à défendre une mauvaise cause; cependant, pour qu'on ne soupçonne pas sa raison d'avoir la moindre part au triomphe qu'il veut remporter sur la nôtre, ce n'est qu'après avoir peint *le monstre* dans toute sa difformité, après nous l'avoir signalé comme le produit honteux de la misère et du mauvais goût, qu'il nous propose (ironiquement sans doute) d'en propager l'espèce. M. le professeur a beau dire, il est aisé de voir qu'il vit plus habituellement avec Racine, Corneille et Voltaire, qu'avec MM. C., P., A., et qu'il aime encore mieux *Athalie* et *Mérope* que *la Fille Sauvage* et *les Ruines de Babylone*. Vous trouverez comme moi, j'en suis certain, que l'idée de mettre l'Histoire de France en mélodrame est beaucoup plus gaie que raisonnable : il est vrai que le P. Gueffier l'a mise en vers, et le président Hénault en dialogue ; ce qui faciliterait beaucoup le projet de la mettre en scène. « N'est-ce » pas dans les Annales Britanniques, ajoute » M. le professeur, que Shakespeare a puisé » une grande partie de ses drames ? » Sans m'arrêter à discuter le mérite des ouvrages de cet auteur, considérés comme fragmens d'histoire, je veux bien (tout en prévoyant à quoi je m'engage) admettre que le mélodrame historique pourrait avoir quelques avantages, s'il était traité par des hommes tels que Shakespeare; mais, dussé-je me mettre à dos tous les beaux-esprits du boulevart, je suis forcé de convenir qu'il y a entre l'auteur anglais et nos mélodramaturges tout l'espace qui sépare le génie de la nullité. Si l'aimable sophiste de Picpus allait, comme moi, s'attrister de tems en tems à *la Gaîté* et à *l'Ambigu-Comique*, je doute qu'il pensât à établir un cours d'histoire sur des théâtres où l'on voit Charles XII et Pierre-le-Grand faire assaut de politesse et de générosité le jour de la bataille de Pultawa, et se sauver mutuellement la vie comme deux frères d'armes de l'armée du roi Artus; où l'on voit (sans autre motif que celui d'avoir des costumes plus pittoresques, et sans autre changement que celui des noms des personnages) Charles VII remplaçant Henri IV au siége de Paris; où l'on apprend que Poniatowski, ami de Stanislas, était issu du sang des rois de Pologne, et cent autres inepties pareilles, dont les faiseurs de mélodrames meublent l'esprit de nos badauds. Je ne parle pas des innombrables anachronismes que nécessite le goût des acteurs ou l'économie de la direction, qui fait servir des habits du tems des Croisades à des seigneurs de la cour de Henri III, et qui place le salon de compagnie d'un Palatin polonais dans le palais d'un roi de Grenade; j'insisterai encore moins sur la barbarie d'un style ampoulé, que personne ne s'est encore avisé de défendre, mais dont l'emploi continué n'en menace pas moins de corrompre la langue : les hommes instruits peuvent rire *de l'oreiller du remords rembourré d'épines ; de l'insecte qu'on écrase et qui lève une tête audacieuse contre son oppresseur ; de l'homme qui se présente devant son roi sous la livrée du dernier de ses sujets ;* mais le peuple qui pleure à ces misérables farces en admire le style de la meilleure foi du monde, et croit pouvoir se dispenser de chercher ailleurs des leçons et des modèles. Je conclus donc, M. l'Hermite, contre l'avis ou plutôt de l'avis de M. le professeur de Picpus (car je le soupçonne d'être en secret du nôtre) que le mélodrame est à l'art dramatique ce que les chenilles sont aux arbres, dont elles mangent les feuilles et gâtent les fruits, et qu'elles finissent par faire périr quand on néglige les lois sur l'échenillage. S'il arrivait que des hommes d'un vrai mérite voulussent consacrer leur plume à ce genre d'ouvrage ; qu'ils eussent assez de goût et d'instruction pour choisir dans notre histoire les faits et les circonstances qui peuvent être représentés avec intérêt, assez de connaissance de l'art dramatique pour les adapter à la scène, assez de talent littéraire pour écrire avec élégance, et la pureté dont aucun genre d'ouvrage ne devrait être exempt, je veux bien convenir que le mélodrame pourrait alors être de quelqu'utilité pour l'instruction du peuple;

mais en même tems je suis convaincu que les hommes de lettres capables d'élever le mélodrame à ce degré de perfection se garderont bien de contribuer, par leur exemple, à dénaturer l'art admirable dont les trois grands maîtres de la scène française ont posé la limite.

DUPONT, *professeur de belles-lettres,*
à Pantin.

Paris, 15 juin 1812.

CONVENEZ, M. l'Hermite, que vous faites partie de la plus singulière nation qui soit au Monde! J'ai beaucoup voyagé, et je puis me flatter de connaître mon espèce humaine : eh bien! je vous déclare que je n'ai trouvé chez aucun peuple de la terre des contrastes aussi frappans que ceux dont se compose le caractère des *Français*. Les élémens en sont si hétérogènes, si discordans, que si l'on s'avisait de les réunir sous un même point de vue, de les rapprocher de manière à ce qu'on pût en saisir l'ensemble au premier coup-d'œil, l'homme étranger à la France, à qui l'on présenterait cette peinture, n'y verrait qu'un burlesque amphygouri composé de disparates plus ou moins ingénieuses : ce portrait, qui ne ressemblerait à rien, n'en serait pas moins très-ressemblant. Ce n'est pas à moi qu'il appartient d'esquisser cette gigantesque et bizarre figure ; je me borne à indiquer un de ses traits principaux. Le plus remarquable est, selon moi, l'*inconséquence* des Français, ou, si vous l'aimez mieux, des Parisiens, que je regarde comme les Français par excellence. L'annonce d'une découverte nouvelle est pour eux, sans la connaître, un sujet d'enthousiasme ou de dénigrement, suivant que l'homme, la chose ou le nom seulement, est offert à leur admiration ou à leurs plaisanteries, par la première personne qui les aura signalés. Depuis dix ans, j'en citerais cent exemples ; je m'arrête au plus récent, à celui de *M. Degen*. Cet habile mécanicien arrive à Paris pour exécuter dans cette capitale des arts une expérience qui lui a coûté vingt ans de travail, et qui met sa vie dans le plus imminent danger chaque fois qu'il la renouvelle ; il s'annonce avec toute la modestie du talent : toutes ces considérations n'empêchent pas les oisifs de café, les badauds de promenade, les beaux diseurs de foyers, d'analyser la découverte sous le point de vue le plus ridicule, d'en extraire trois calembourgs, cinq jeux de mots, deux quolibets et dix-sept épigrammes, qu'ils colportent dans tous les quartiers de Paris; et c'est au milieu des obstacles sans nombre que lui suscitent de tous côtés la sottise et l'envie, que M. Degen exécute son expérience aérostatique, la plus audacieuse qui ait été faite depuis celle du parachute. Son succès n'a point été complet : pouvait-on espérer qu'il le fût? Son entreprise n'est-elle pas du nombre de celles dont la seule tentative mérite d'être récompensée par quelques momens de cette faveur publique que les Français prodiguent quelquefois avec si peu de justice et de discernement?

Agréez mes salutations. M. R. C.

~~~~~~~~~~

Paris, 17 juin 1812.

Je viens réclamer auprès de vous, M. l'Hermite, contre la lettre de votre correspondant,

M. Vertpré, qui se plaint du goût *ridicule* de sa femme pour mes tulipes et mes jacinthes. Cela ne vous a-t-il pas fait souvenir de la colère du marquis de X......, qui, s'étant éveillé pendant la nuit, et entendant chanter le rossignol, fit venir son garde-chasse, et lui ordonna d'aller tuer cette *vilaine bête?* Convenez qu'il faut être au moins de bien mauvaise humeur pour déclamer avec tant d'amertume contre un goût si pur, contre une occupation si douce et si aimable. Que d'époux, à Paris, se trouveraient heureux de pouvoir inspirer à leurs femmes cet amour des fleurs dont se plaint M. Vertpré! N'est-il pas, je vous le demande, plus tranquillisant pour un mari de voir sa femme occupée à arroser des plates-bandes de tulipes, à planter des griffes de renoncules, à étiqueter des oignons de jacinthes, que d'apprendre qu'elle vient de monter en calèche pour aller déjeûner au Rincy; qu'elle se propose d'aller le soir en loge grillée à Feydeau, ou en domino au bal de l'Opéra? Mais c'est principalement comme objet de dépense que M. Vertpré s'élève contre ce qu'il appelle la manie des fleurs; et cependant quel est le mari dans cette capitale qui ne s'engageât plus volontiers (même sans connaître le tarif de mes oignons) à payer mon mémoire, que celui de M. Le Roi, de M. Dubief ou de Mme Gerbaut ? Je dis plus, M. l'Hermite, et j'offre de prouver que cette passion des fleurs, quelque vive qu'elle soit, est une source d'économie dans un ménage. Pour qui passe sa vie dans une serre ou dans un jardin, une simple robe de perkale bien blanche est la parure de meilleur goût : dès-lors, économie de cachemires, de tricot de Berlin, de robes habillées, de garnitures en tulle, de mousselines brodées, lamées, et de tant d'autres chiffons dont le moindre paierait le plus beau de mes carrés de tulipes. Un ample chapeau de paille d'Italie, garni d'un ruban écossais, suffit pour dérober avec beaucoup de grâce une jolie jardinière aux ardeurs du soleil, et, par conséquent, lui épargne la dépense de ces calèches en tulle de Mme Colliau, de ces voiles en point de Bruxelles, de ces toques en étoffes précieuses, garnies de plumes et de fleurs vingt fois plus chères que les miennes. Que M. Vertpré veuille bien établir le compte des dépenses de sa femme, et je suis bien trompé s'il ne parvient à se convaincre que, de tous les goûts féminins, celui des fleurs est à-la-fois le plus innocent et le moins dispendieux. Pour le mettre à portée de prononcer en connaissance de cause, je suis obligé de le prévenir que si Mme Vertpré a porté, comme il le dit, sur son Mémoire, des oignons de tulipes provenant de mon jardin, à 300 fr. la pièce, elle aura sans doute eu ses raisons pour ajouter deux zéros au prix effectif de 3 fr. qu'elle a payé chez moi ces mêmes objets. Je ne mets point en doute que cette dame n'ait employé à quelques bonnes œuvres secrètes le surplus de la somme qu'elle a portée en compte à son mari ; mais, je vous le demande, M. l'Hermite, est-il juste que je souffre de sa générosité ?

Les *amans de Flore* sont volages de leur nature ; la lettre de M. Vertpré peut les éloigner de chez moi : veuillez prévenir le mal en publiant ma réclamation. J'ai quelque droit à la bienveillance du public et à la vôtre : je suis laborieux, père de dix enfans, et je n'ai qu'un parterre pour les nourrir. Songez, M. l'Hermite, que nous exerçons l'un et l'autre une profession où l'on ne s'enrichit guère, et qu'il est (quoi qu'en dise M. Vertpré) plus difficile encore de faire fortune en cultivant les fleurs qu'en cultivant les lettres.

J'ai l'honneur d'être, M. l'Hermite, etc.

TRIPET, *jardinier-fleuriste, avenue de Neuilly*, n° 20.

Fontenai-aux-Roses, 20 juin 1812.

MA santé, loin de se rétablir, se détériore de plus en plus, M. l'Hermite; le lait d'ânesse, qui réussit à tant de monde, est sans vertu pour moi; je baisse sensiblement; je puis dire avec Chaulieu, aux Nymphes de Fontenai :

> Muses, qui, dans ce lieu champêtre,
> Avec soin me firent nourrir;
> Beaux arbres qui m'avez vu naître,
> Bientôt vous me verrez mourir.

Mais non, je ne le puis pas; mon docteur ne m'a-t-il pas défendu tout travail, toute occupation, même d'agrément? Si je pense, je fatiguerai ma tête; si je chante, je fatiguerai ma poitrine. Pour m'empêcher de mourir de fatigue, il me fait périr d'ennui. N'a-t-il pas impitoyablement déchiré l'autre jour des stances élégiaques que j'avais commencées, sur l'air : *Adieu paniers, vendanges sont faites?* Ma guitare est accrochée, par ordonnance, à la muraille de ma chambre, *in medio ejus suspendimus organa nostra;* et tout à côté repose aussi cette pauvre flûte qui charma si long-tems mes loisirs, *solamenque mali.... fistula pendet.*

Je ne suis plus bon à rien, et bientôt je ne serai plus rien ; tout me l'annonce. Triste vérité qui afflige mes amis et mes parens même, car je n'ai pas de fortune, mais qui n'afflige personne autant que moi; car, à parler franc, je me crois encore le meilleur de mes amis, quelque tendresse qu'on puisse me porter.

De l'intérêt que je prends à moi-même résulte pour moi plus d'une inquiétude en cette circonstance. Je suis homme de lettres, soit dit sans me vanter, et, en conséquence, friand de gloire. Dieu prenne pitié de moi dans l'autre monde! mais dans celui-ci, qui prendra soin de ma réputation, quand je n'y serai plus?

De mon vivant, mes affaires n'allaient pas

très-mal : à l'exemple de Lemierre, je les faisais moi-même. Mais les autres auront-ils pour moi la même justice ou la même complaisance? Les journaux continueront-ils à dire de moi ce que j'en pense? Enfin, l'honnête célébrité que je me suis faite ne finira-t-elle pas par tourner contre moi-même?

Que ces bonnes gens qui ne sont qu'honnêtes gens viennent à mourir, les cloches sonnent, les prêtres chantent, et tout est dit, s'ils ne laissent pas de dettes ou n'ont pas été membres de quelques sociétés d'agriculture; mais il n'en est pas ainsi d'un homme de lettres, d'un homme d'esprit tel que vous et moi, M. l'Hermite. Que de gens qui ne daignent pas s'occuper de nous tant que nous vivons, se croient obligés de faire le contraire dès que nous cessons d'exister!

L'effet que les hommes produisent sur la société, en mourant, ressemble assez à celui des pierres qui tombent dans un puits : les unes, qui se sont détachées tout doucement, glissent silencieusement dans l'abîme sans rider même la surface de l'eau; les autres font des ronds plus ou moins grands, en raison de leur pesanteur et de l'élévation d'où elles ont été précipitées ; leur chute est enfin accompagnée d'un bruit plus ou moins fort, qui, pourvu qu'il soit propagé par des échos, peut bien durer presque une minute.

Le puits où nous sommes, M. l'Hermite, n'est pas celui de la Vérité. Les échos y sont nombreux ; seront-ils fidèles ? C'est ce qui me tourmente.

Ceux qui retentissent ordinairement au sujet de la mort des gens de notre classe (car vous êtes sans doute de quelque académie, *française ou non*), sont : 1º le secrétaire, qui fait l'oraison funèbre ; 2º le successeur du défunt, dans ses honneurs académiques ; 3º les journalistes ; 4º les auteurs dramatiques ; 5º les éditeurs de Correspondances.

Celui de ces échos que je redoute le moins, c'est le confrère qui fera mon oraison funèbre. Quoiqu'il me déteste, son intérêt me répond de lui. Il fera mon éloge, moins pour continuer une bonne institution que pour n'en pas commencer une mauvaise ; il lui importe qu'en pareil cas on ne parle qu'en bien du héros de la fête ; il se consolera enfin d'avoir dit une fois du bien d'un collègue, certain qu'il est que cette fois, qui est la première, sera aussi la dernière.

Je ne suis pas aussi sûr, à beaucoup près, de mon successeur. Nos réglemens, qui sont une autorité, et les convenances, qui en sont une plus puissante encore, l'obligent, je le sais, à exagérer le peu que je vaux; mais n'a-t-on pas vu des esprits-forts s'élever au-dessus de ces petites considérations, et tenter d'étendre leur réputation aux dépens de celle de l'immortel dont ils avaient brigué la place? Pour les amateurs de bruit, le pauvre défunt n'est souvent que ce qu'un âne mort était pour les prêtres de Cybèle, un tambour sur lequel ils accompagnent l'hymne qu'ils ont composée en l'honneur de la divinité à laquelle ils immolent tout en leur propre honneur, pour trancher le mot. Si le hasard ou telle autre cause me donnait, à l'académie de *Villeneuve-Saint-Georges*, un héritier de ce caractère, entrez vite en négociation avec lui, M. l'Hermite: dites bien à cet homme de génie qu'il n'y aurait aucun profit à me dénigrer; que je n'ai été ni gluckiste, ni économiste, ni picciniste, ni moliniste, ni encyclopédiste, ni janséniste, et qu'en conséquence il n'entre dans les intérêts d'aucun parti que je sois diffamé; que le vœu éternellement répété sur la cendre des morts, par la charité, est *Resquiescant in pace!* « Qu'ils reposent! » Mais si vous pouviez lui faire sentir adroitement qu'il y aurait quelqu'avantage pour lui à faire mon éloge; que mon panégyrique ferait honneur à son imagination; que, pour les esprits féconds, il n'est pas de sujets stériles, vous m'obligeriez bien plus encore, et je serais bientôt un grand-homme; car, d'un trait de plume, ces gens-là font des miracles, comme on sait.

Quant aux journalistes, c'est dans un autre intérêt qu'il faut traiter avec eux: il ne s'agit pas de savoir s'ils parleront de moi en bien ou en mal, mais s'ils en parleront. La pire de toutes leurs malices est leur silence; c'est la seule que je redoute; l'eau du Léthé a bien mauvais goût après celle de l'Hypocrène! Et puis, quelle honte pour un bel-esprit, s'il n'obtenait pas dans les nécrologues une place qui s'accorde journellement à des danseuses, à des mathématiciens, à des marguilliers, au premier animal qui meurt, enfin, même hors du Jardin des Plantes! Sauvez-moi d'un pareil déshonneur, M. l'Hermite. Si, trois jours après mon décès, il n'a été question de moi dans aucune des feuilles accréditées, sollicitez, fût-ce même du moins indulgent de nos marchands de renommée, un petit article, dût-il ne m'être pas favorable. S'il ne me trouvait pas un sujet assez important même pour être dénigré, rassurez cet homme scrupuleux en lui représentant que le diable, qu'il ne vaut pas, a daigné quelquefois grêler sur le persil.

Passons aux auteurs dramatiques. Je ne m'occuperais pas d'eux *in articulo*, M. l'Hermite, s'ils ne s'occupaient pas de tout le monde. Savez-vous que le plus grand des inconvéniens que la mort peut avoir, pour tout homme célèbre, est un fruit de leur génie? Vous m'entendez, je crois : vous devinez que je veux parler de cette habitude, si commune de nos jours, d'exhumer un pauvre homme pour le mettre tout chaud sur la scène le lendemain de son enterrement. Semblables à l'entrepreneur des sépultures, qui, sur le rang et la fortune, estime, à la première vue, le bénéfice que telle personne lui rapportera le jour où elle aura rendu l'ame; sur une pièce de vers, une page de prose, une tragédie ou un vaudeville, un trait d'esprit ou de caractère; les maîtres de la scène actuelle estiment à livres, sous et deniers, ce que tel de leurs contemporains pourra leur valoir le jour où il aura rendu l'esprit. Grâces à leur empressement, qui peuple le théâtre de revenans, on est tout étonné de retrouver au boulevart Montmartre, ou au coin de la rue de Chartres, l'ami que l'on avait laissé au Jardin du *Père Lachaise*; mais, comme cela doit être, on le trouve souvent très-changé. La plume est bien, entre les mains de ces Messieurs, la baguette magique avec laquelle on évoquait les ombres; mais, malheureusement, tous ceux qui manient aujourd'hui la plume ne sont pas sorciers. Si quelques auteurs sont en fonds pour faire penser, parler, agir et chanter un homme d'esprit, il n'en est pas ainsi du grand nombre; ils n'ont souvent ni vu ni lu l'auteur qu'ils prétendent faire revivre : ne pouvant le peindre d'après lui, ils le peignent d'après eux, comme Dieu fit jadis l'homme à son image. Le portrait alors devient d'autant moins flatteur, qu'il ressemble plus.

Ah, M. l'Hermite! ne me laissez pas tomber entre les mains de ces gens-là. De mon vivant, rien ne me désolait autant qu'on me prît pour eux, si ce n'est qu'on les prît pour moi. Vous me direz que le sort que je redoute me serait commun avec *César*, *Achille*, *Alexandre*, et tant de héros qu'un écolier peut à son gré traîner sur la scène, sans que la gloire de ces grands-hommes souffre de la sotte figure qu'on leur fait faire, et des sots propos qu'on leur fait tenir. Je réponds à cela qu'entre *César* et moi il n'y a pas de parité; que *César* est connu de l'univers entier, et qu'à Paris, à *Fontenci* même, tout le monde ne me connaît pas; qu'on se moquera de l'écolier qui aura défiguré une physionomie que nous connaissons tous, tandis qu'on se moquera de moi qu'on croira reconnaître dans une physionomie qui ne sera que celle de mon barbouilleur. Si je dois être un jour exposé en public, que ce soit du moins tel que je suis. Je m'aime mieux tel que Dieu m'a fait, que tel que me feraient les hommes; je ne veux ni perdre ni gagner. Qu'on parodie les ouvrages, soit; mais les personnes, c'est trop fort. Je n'entends pas plus raison ou plaisanterie sur cet article-là que *Montaigne;* et si j'étais jamais travesti en héros de drame, fût-ce même par le trop sensible auteur de *l'Abbé de l'Épée*, je reviendrais volontiers de l'autre monde pour me siffler.

Une autre espèce de spéculateurs contre laquelle je vous prie de me protéger, M. l'Hermite, c'est celle des éditeurs de Correspondance. Ces écumeurs de littérature sont nombreux. Tout chiffon griffonné qui tombe sous leur main figure bientôt dans un recueil de lettres inédites. Il me semble pourtant que plus d'une considération devrait apporter des restrictions à la liberté de ce genre d'industrie, lequel, soit dit entre nous, rappelle un peu celui de quelques honnêtes gens qui, la hotte sur le dos, le crochet en main, vont cherchant fortune de borne en borne. En publiant ce qui n'a pas été écrit pour le public, on a plus d'une fois compromis deux réputations, celle de l'homme qui écrivait et de l'homme dont on écrivait. Cela me semble blâmable par mille raisons. Si j'ai été injuste, pourquoi donner à mon injustice une publicité qui l'agrave? Cette lettre, d'ailleurs, contient ce que j'ai pensé une fois; mais est-ce-là ce que j'ai pensé toujours? Depuis quinze ans, depuis quinze jours qu'elle a été écrite, mes opinions ont été rectifiées. En divulguant celle-ci, vous me calomniez; c'est une lettre confidentielle que vous avez interceptée. Surprendre des confidences, c'est se rendre coupable d'espionnage; les publier, c'est se rendre coupable de délation.

Souvenez-vous, M. l'Hermite, que je désavoue d'avance toute lettre de moi qui pourrait être imprimée après ma mort; toutes, excepté celle-ci. Je n'ai jamais fait de caquets de mon vivant; je ne veux pas qu'on puisse me reprocher des *caquets posthumes*. Je ne veux pas non plus être traité comme ce pauvre *Mirabeau*, par de graves censeurs qui, concluant de ce que tout le monde lit mes lettres qu'elles ont été écrites pour être lues par tout le monde, les compareraient à celles de *la Nouvelle Héloïse*, et déclareraient ma prose épistolaire inférieure à celle de Rousseau.

Par charité, M. l'Hermite, prenez soin de ma mémoire; je vous nomme, dès aujourd'hui, tuteur *ad hoc*. Voyez aussi, pour prix des services que vous me rendrez ici-bas, voyez ce que je puis faire pour vous là-haut. Je n'espère plus qu'en Dieu et en vous. J'ai recommandé à Dieu les intérêts de mon ame ; je remets ceux de mon esprit entre vos mains. *In manus tuas Domine commendo spiritum meum.*

GALAND, *de Fontenai-aux-Roses.*

Fontenai-aux-Roses, 23 juin 1812.

JE suis bien sensible, M. l'Hermite, à l'intérêt que l'on prend à moi. Votre ami *Dupont, de Pantin*, et votre ami *Martin, de Picpus*, s'accordent au moins sur ce point-là. Que je sais gré à ces deux professeurs de ne pas m'oublier au milieu de leurs doctes querelles, et de quitter un moment le *mélodrame* pour vous demander de mes nouvelles ! La seule consolation d'un malade est de savoir qu'on s'occupe un peu de lui. Vous ignorez cela, vous autres gens de bonne santé. Vous ne savez pas non plus qu'il y a des maladies de bon genre dont on se vante, lors même qu'elles sont réelles; et que des douleurs d'une certaine nature sont encore des occasions de jouissance pour l'amour-propre?

A parler franchement pourtant, ce sont de tristes jouissances que celles-là. Je ne m'en aperçois que trop lorsque le départ de mes amis ou le sommeil de ma garde me rend à moi-même, et me permet de m'abandonner à toutes les réflexions que mon état m'inspire. Notre fin est une conséquence de notre commencement, sans doute; mais la fin ne devrait-elle pas être séparée du commencement par un honnête intervalle? Il me semble que la Providence pourrait attendre que nous fussions bien las de l'existence pour nous en débarrasser. Deux hommes d'un génie bien différent, *Sedaine* et *Montagne*, nous conseillent bien la résignation; mais ni la simplicité de *Sedaine*, ni la subtilité de *Montagne* ne me disent rien qui puisse me consoler de toucher au terme quarante ans avant l'âge que le *psalmiste* me permettait d'espérer. *Dies annorum nostrum in ipsis, septuaginta anni. Si autem in potentatibus, octoginta anni*, dit le prophète en question *. *Sédaine* a beau chanter : *Mourir n'est rien, c'est notre dernière heure*, s'en suit-il que la dernière heure doive être si près de la première ? *Montagne* a beau dire : *Tous les pas mènent à la mort, le dernier y arrive*, cela ne me prouve pas que j'aie dû parcourir ma carrière en une enjambée; qu'il ne devait y avoir que deux pas entre mon berceau et mon tombeau; qu'il faille enfin me consoler d'entrer à l'auberge avant que d'être fatigué. J'aurais, j'en conviens, besoin d'un peu plus de lassitude pour trouver bon le lit qui m'y attend.

N'importe; résignons-nous, et faisons ce pas de bonne grâce autant qu'il se peut. Un homme qui meurt sous les yeux du public doit avoir au moins la coquetterie d'un gladiateur

Qui garde en expirant une noble attitude.
(*Spartacus*.)

Et puis, la philosophie que nous professons apprendrait-elle à bien vivre si elle n'apprenait à

* « Notre carrière s'étend à 70 années, et dans les plus forts à 80. »

bien mourir? Mourir enfin n'est-il pas un acte de la vie, quoique ce soit le dernier?

Pour bien mourir, il faut se mettre bien avec soi-même; c'est de quoi je m'occupe. La tête appuyée sur mes poings, lorsque je ne me frappe pas la poitrine, je fais la récapitulation de ma vie entière, ou, pour parler plus clairement, mon examen de conscience. C'est vous annoncer ma *confession*, M. l'Hermite. Je vous l'adresse. A l'exemple des premiers chrétiens, je veux qu'elle soit publique.

A ce mot de *confession*, je vois des sourcils se froncer et plus d'un visage prendre l'expression de l'inquiétude. Dire du mal de soi, ce n'est pourtant pas chagriner les autres, ordinairement. Croit-on que je m'épargnerai? Non; mais on craint que je n'épargne pas autrui. Que l'on se rassure, la *Confession* que je publie n'est que la mienne. Quelques gens, à la tête desquels je suis fâché de voir *Rousseau*, en confessant leurs péchés, ont, il est vrai, confessé les péchés d'autrui. C'est porter la sincérité trop loin. La publicité donnée à une sottise faite en commun, si elle est *confession* quant à vous, est *accusation* quant à votre complice.

L'on n'est pas maître de divulguer un secret dont un autre partage avec nous la propriété ; cela est de rigueur, sur-tout relativement à certaines folies dont la société parle avec beaucoup de sévérité, en les supportant avec beaucoup d'indulgence. Il n'est enfin permis qu'aux femmes, quand elles sont assez franches ou assez folles pour faire un pareil aveu, de nommer le pécheur qu'elles se sont associé. Cet aveu, qui est plus souvent un acte d'amour qu'un acte de contrition, est encore une faveur. Tout homme à la mode que j'aie été, je n'ai jamais perdu de vue ces principes, qui sont ceux de tout galant homme dans le *Marais*. Eh ! mes amis, grâce à l'inconséquence des femmes, il n'y aurait aucun inconvénient pour vous à les adopter même à la *Chaussée-d'Antin*. Rapportez-vous-en à ces dames pour se donner vis-à-vis de vous le mérite de divulguer ce que vous aurez eu vis-à-vis d'elles le mérite de taire. Dans ce cas-là du moins, votre probité n'aura aucun reproche à faire à votre amour-propre, et vous pourrez être fats en sûreté de conscience.

Je ne dirai donc rien de ce qui concerne les

autres. Je ne dirai pas non plus tout ce qui me concerne ; c'est une vanité ou une humilité bien mal entendue que celle qui porte un homme à s'offrir nu de la tête aux pieds aux yeux du public. Ce cynisme n'a jamais pleinement réussi à personne, pas même à *Marmontel*, dont les Mémoires contiennent certaines révélations qu'il devait par fierté, si ce n'est par pudeur, taire, sur-tout à ses enfans, pour lesquels il écrivait ; et, soit dit en passant, sa famille est nombreuse, s'il est père de tous ses lecteurs. Pourquoi sommes-nous trop souvent dans le cas de jeter sur ce patriarche académique le manteau que *Sem* et *Japhet* étendirent sur l'inventeur de la vigne ?

Ma *confession* n'est ni celle d'un homme du monde, ni celle d'un homme d'affaires, ni celle d'un homme d'Etat ; mais seulement d'un *homme de lettres*.

Je commencerai, mon père, par m'accuser de n'avoir pas porté ce titre d'homme de lettres avec assez de fierté ; de m'être laissé imposer trop souvent par le ton tranchant dont quelques gens à la mode parlent, dans leur société, des hommes qui honorent le plus cette profession; par l'assurance avec laquelle ils dépriment les plus louables productions du génie. Je croyais leurs airs fondés sur des droits; je croyais que le sentiment de leur supériorité les portait seul à en user ainsi avec des hommes supérieurs. Certain, aujourd'hui, que chez eux l'impertinence tire sa source de l'ignorance, je me repens sincèrement de ma modestie. Je confesse qu'après l'homme de génie qui gouverne l'Etat, le guerrier qui le défend, l'agriculteur qui le nourrit, il n'y a pas de condition plus honorable que celle d'homme de lettres; que sans l'étude des lettres, on ne peut réussir dans aucune profession, la danse et l'arithmétique exceptées; que les lettres sont nécessaires à l'avocat, au médecin, et quelquefois même au prédicateur; et que tout homme de lettres traité sans égards par un homme du monde, doit se souvenir du mot de *Piron* à je ne sais quel marquis : *Les qualités reconnues, je passe le premier.*

Je m'accuse d'avoir eu long-tems une estime exagérée pour les *savans*, ou plutôt d'avoir étendu à tous les étudians qui prennent ce nom, l'estime que je professerai jusqu'au dernier moment pour les hommes de génie auxquels il devrait seul appartenir. J'avais pour tout savant presque autant de déférence que pour les freluquets dont je parlais tout-à-l'heure, et presque tous se laissaient faire. Sottise à moi! La science et le génie sont deux choses bien différentes. Honorons le génie, mes frères, dans les successeurs d'Euclide, d'Archimède, de Dioscoride, de Copernic, de Newton, mais ne reconnaissons pour leurs successeurs que ceux qui étendent le domaine créé par les maîtres; que ceux qui ajoutent des découvertes aux découvertes déjà faites. Quant à ce savant qui n'invente rien, en quoi serait-il supérieur à l'homme de lettres qui n'invente pas? Pendant que l'un fait preuve d'intelligence, l'autre fait preuve d'esprit. Qu'on permette au moins à ces deux facultés, dont la première exclut quelquefois la seconde, de se compenser. *Gelendre* sait chiffrer, *Tainsange* sait écrire; l'un combine des nombres, l'autre des mots: chacun de son côté sachant ce que l'autre ne sait pas, il y a parité entr'eux; et *Tainsange* serait aussi sot d'être humble vis-à-vis de *Gélendre*, que *Gélendre* d'être fier vis-à-vis de *Tuinsange*.

Je m'accuse d'avoir été toute ma vie d'une partialité révoltante ; d'avoir eu des affections et des aversions immodérées, à l'influence desquelles mes jugemens ont été continuellement soumis en dépit de ma raison même ; et cela, par une suite des efforts que je faisais pour me soustraire à cette influence, et me montrer supérieur à mes passions. Il est résulté de là que j'étais toujours extrême, soit quand je blâmais mes amis, soit quand je louais mes ennemis. C'est une injustice : je me repens d'autant plus, qu'elle n'a point diminué le nombre de mes ennemis, et que mes amis pourraient bien ne me la pas pardonner.

Je m'accuse d'avoir poussé trop loin, non pas le respect dû aux vieillards, on ne peut pécher par excès en donnant cet exemple, dont l'imitation peut nous profiter, mais la confiance que je prêtais à leurs discours. J'ai lu Homère, et, qu'il me le pardonne, j'ai souvent ri de Nestor, quand, au détriment de la génération présente, il établit avec la génération passée des comparaisons qui ne sont pas toujours justes. Eh bien! je n'en écoutais pas moins sérieusement certain septuagénaire, un peu malingre, qui dit et voudrait bien faire croire que les *polémiques* de son tems l'emportaient en génie sur les *épiques* du nôtre ; que s'il n'a rien écrit dans sa jeunesse, parce qu'il désespérait d'être distingué entre les écrivains de l'autre siècle, il n'écrira rien dans sa vieillesse, parce qu'il serait désespéré d'être confondu avec les écrivailleurs de celui-ci. Le génie est rare en tout tems, lui dis-je un jour; mais le talent l'est moins : convenez que celui d'écrire élégamment et correctement, même en prose, n'a jamais été plus commun qu'à cette époque. Je suis si persuadé du contraire, me dit mon dégoûté, *qu'il y a plus de vingt ans que je ne lis plus rien de ce qu'on imprime.*

Je m'accuse d'avoir eu trop peur des critiques, et d'avoir porté quelquefois la faiblesse jusqu'à sacrifier mon goût au leur. Dieu sait comme ils m'ont châtié de cette faute! mais cette fois leur sévérité était juste. Je n'ai jamais cependant été lâche au point de faire l'aumône au diable, d'acheter des certificats de génie comme on achetait jadis des certificats de noblesse. Il fut un tems où ce genre de commerce aurait ruiné le plus riche des agens-de-change. Il y avait à Paris presqu'autant de journaux que de corps-de-garde ; heureusement les bourgeois qui remplissaient les uns et les autres n'étaient-ils pas plus redoutables les uns que les autres : on pouvait passer sans risque sous leur feu, et se moquer du *qui vive* d'un *remplaçant* armé d'un fusil sans baïonnette et sans batterie.

Je m'accuse enfin, non-seulement d'avoir couru après la gloire, mais d'avoir cru l'attraper. Et à quels titres ? Pour avoir fait un vaudeville que je croyais rempli de bons mots, parce qu'il est plein de calembourgs ; pour avoir fait des contes qui ne sont uniques que parce que j'y disais ce que personne ne doit dire. Grâce au goût, grâce aux mœurs, mon vaudeville et mes contes ont eu du succès ; mais du scandale, en littérature ou en morale, est de la célébrité et non pas de la gloire. Je le reconnais à cette heure où les illusions s'évanouissent, où l'on est franc, même avec soi :

Des vains ménagemens déchirant le bandeau,
La vérité s'assied sur le bord du tombeau.
(FONTANELLE, *Vestale.*)

La gloire n'est due qu'aux ouvrages ou aux actions utiles. *Alexandre*, vengeur de la Grèce; *Auguste*, pacificateur de Rome; *Charlemagne*, fondateur et législateur de l'Empire, tous les grands-hommes ont droit à la gloire; elle est aussi le partage des hommes de génie qui ont célébré les héros. *Homère*, *Virgile*, *Voltaire*, l'ont acquise en la leur conservant; mais on ne la rencontre ni sur le *théâtre des Variétés*, ni sur celui de *l'Ambigu*, ni sur celui de *la rue de Chartres*, eût-on fait *Fanchon la Vielleuse*, *Riquet à la Houpe* ou *Monsieur La Gobe*, ou le plus beau des *mélodrames*. On peut, il est vrai, conquérir la gloire sur le *Théâtre-Français*, mais il faut être, pour cela, *Corneille*, *Racine*, *Voltaire*, *Molière*, ou mieux, s'il est possible.

Voilà, M. l'Hermite, ceux de mes péchés que je crois devoir confesser à haute voix pour l'utilité publique; les autres, je les garde pour l'oreille de mon curé. Quel profit la société trouverait-elle à me les entendre récapituler? Une *confession* minutieuse ne sied qu'à *saint Augustin*. Ce n'est qu'à l'homme exempt de grandes fautes qu'il appartient d'attacher de l'importance aux petites. L'évêque d'Hyponne se confesse d'avoir volé des poires; j'ai bien quelques peccadilles de ce genre sur la conscience; je me rappelle bien certain prunier.... Mais n'y aurait-il pas de la prétention à se dire voleur à si bon compte? Est-on voleur aujourd'hui pour des prunes?

GALAND, *de Fontenai-aux-Roses.*

APPEL

A L'HERMITE DE LA CHAUSSÉE-D'ANTIN.*

Air : Hermite, bon Hermite.

Rival heureux de Sterne,
Émule d'Addison,
Vrai Socrate moderne,
Que j'aime ta leçon !
Joyeux peintre des mœurs,
Tu charges ta palette
De riantes couleurs.
Hermite, bon hermite,
Allons, prends tes pinceaux,
Le Dieu du goût t'invite
　　A peindre vite
Les fripons et les sots.

Peins ce folliculaire,
Corruptible animal,
Qui suivant le salaire,
Dit du bien ou du mal ;
Peins l'auteur, bon apôtre
Qui s'est imaginé,
Que le succès d'un autre
Lui rogne son dîné.
Hermite, bon hermite, etc.

* Voyez le N° CXVIII, pag. 204 de ce volume.

Le siècle te seconde,
Peins l'homme à sentimens,
Chérissant tout le monde
Excepté ses enfans.
Peins cette grande dame,
Au cœur tendre, à l'œil doux,
Qui pleure au mélodrame,
Et qui bat son époux.
Hermite, bon hermite, etc.

Peins, nouveau La Bruyère,
Cet impudent pied-plat,
Qui crie au plagiaire
Et vit de plagiat.
Attrape sur ta route
Ce Crésus tant fêté,
Qui fait sa banqueroute,
Avec moralité.
Hermite, bon hermite, etc.

Peins du goût magnétique
Ces nouveaux partisans,
Qu'en deux mots on explique :
Dupes ou charlatans.
Ce vrai chasseur dans l'ame
Mérite son portrait;
Il a troqué sa femme
Contre un beau chien d'arrêt.
Hermite, bon hermite, etc.

Peins-nous cette bretonne
Indocile à nos lois,
Qui déclame et qui tonne
Contre nos plus beaux droits.
Esquisse à ta manière
Ces têtes à l'envers
Réservant à Molière
L'outrage de leurs vers.
Hermite, bon hermite,
Allons, prends tes pinceaux,
Le Dieu du goût t'invite
A Peindre vite
Les sottes et les sots.

Par M. J. Jacquelin.

FIN DU TOME CINQUIÈME ET DERNIER.

TABLE.

Mes Projets pour l'année 1814. 1
A mes Correspondans. 16
Le Gâteau des Rois. 27
Les Gens en bonnet de nuit. 40
La Cellule de l'Hermite. 53
Les Caquets. 66
La Morgue. 77
Les Égoïstes. 90
Le Bureau de deuil. 102
L'Atelier du Peintre. 116
Le Pont-des-Arts. 128
Quelques Vices à la mode. 141
Les Nouvellistes. 152
Projet de Journal. 167
La Prise de Paris. 180
La Maladie de l'Hermite. 192
La Mort de l'Hermite. 201
Le Testament de l'Hermite. 214
Correspondance de l'Hermite. 224
Appel à l'Hermite. 208

FIN DE LA TABLE DU TOME V ET DERNIER.

TABLE

ALPHABÉTIQUE DES MATIÈRES

CONTENUES

DANS LES CINQ VOLUMES DE L'HERMITE DE LA CHAUSSÉE-D'ANTIN.

Nota. Le chiffre arabe indique la page; le chiffre romain le volume.

A

ABBATOIRS établis par Napoléon. 353, IV.
Abbé de l'Epée (l'); drame. 293, V. Instituteur des Sourds-Muets. 261, III.
Abencérages (la musique de l'opéra des). 363, IV.
Académie; a mal défini les ponts. 129, V.
—— (élection à). 139, V.
Adam, abbé de Saint-Denis. 61, III.
Addison; ce qu'il dit des paniers. 269, 70, IV.
Affiches et *Avis divers*. Sujet du N° XXXIII. 74, II.
Agnès Sorel, maîtresse de Charles VII. 7, III.
Aigle de Meaux (Bossuet). 276, II.
Albums. Sujet du N° XIII. 143, 167, I.
—— (différentes sortes d'*Albums*). 168, I.

Alexandre Ier; sa magnanimité. 205, v.
Alexis; un des correspondans de l'Hermite. 103, IV.
Alix et Bérenger. 47, IV.
Allemands; un de leurs usages. 257, II.
Almanachs (les). Sujet du N° XXV. 300, I.
Amman, médecin hollandais. 261, III.
Aly Mongoul; sa lorgnette magique. 44, v.
Ambigu-comique. 271, v.
Amadis des Gaules. 356, IV.
Ame (Pathologie de l'). 367, II.
Amitié; ce que Montaigne en dit. 245, II.
Amis (les). Sujet du N° 243, II.
Amour Filial (trait singulier d'). 30, I.
Anitus (cabale d'). 193, II.
Anonymes (lettres). Sujet du N° XXXV. 98, II.
Architecture; ses progrès de nos jours. 14, I.
Armide de Gluck. 40, IV.
Arnould (Mlle); ses Soupers. 166, III.
Armes; fantaisie des jeunes gens. 31, I.
Aristophane. 193, II.
Artisans; leurs plaisirs le dimanche. 16, I.
Anglais; s'occupent de chevaux. 201, IV. Un de leurs dictons. 1, II. Une de leurs manies, 2, II. Esprit national. 151. Utilité d'un de leurs usages. 257, II.
A mes Correspondans. Sujet du N° CIV. 15, v.
Anne, le connétable. 16, IV.
Année (revue de l'). 335. Sujet du N°. 381, II.
Annette et Lubin; leur cabane. 1, 110, IV.
Anniversaire de la naissance; fête chez les Anglais. 257, II.
Appel à l'Hermite; chanson. 308, v.
Aringhi. 355, II.

Arnault; son Marius, ses Vénitiens, ses Fables. 356, IV; 389, II; 101, V.

Artaxerce, tragédie. 172, V.

Artistes (un dîner d'). 213, IV.

—— (caractère de différens.). *Ibid.*

—— dénomination moderne. 116. (Vie d'un). 118, V.

Assassin (l'enfance d'un). 291, IV.

—— qui a le courage de ne point se pourvoir en cassation. 2, 291, IV.

Athalie de Racine; comment accueillie. 195, II.

Atelier d'un peintre. Sujet du N° CXII. 116, V.

Augustin (St.); ce qu'il recommande aux vieillards. 323, IV.

Audinot; son théâtre. 245, V.

Auteurs; leurs droits, 230. (Mots d'un acteur du Théâtre-Italien sur les). 241, V.

Autographes; goût des lettres. 2, II.

Aveugle du Pont-des-Arts. 135, V.

Avocat (lettre d'un jeune). 94, I.

A... s. 132, IV.

Æsopus le comédien; sa fortune. 326, IV.

B

Bacon; une de ses grandes maximes. 335, IV; 96, 110, 161, 249, II.

Badauderie. 226, I.

Bains Chinois. 100, IV.

Bancelin, restaurateur. 71, I.

Baptêmes, ceux d'autrefois, ceux d'aujourd'hui. 24, I; 35, III.

Bayard. 269, v.
Barreau moderne; son éloquence. Sujet du N° IX. 93, I.
Bautru. 173, II.
Baour-Lormian; son Omasis, ses Veillées, son Aminte. 356, IV.
Barbin. 155, IV.
Beaux-Arts (état des). 277, I.
Bazoche (la). 161, IV.
Beaumarchais; ses causes. 158, IV; 75, III.
Bernard; sa réputation. 40, III.
Bérenger de Presles; son histoire. 49, IV.
Bernardin de Saint-Pierre. 33, IV.
Berthellemot, confiseur célèbre. 26, I.
Berry (la duchesse de). 15, III.
Berthelot, savant professeur. 58, II.
Bibliothèque de l'Hermite. 60, v. D'un peintre. 121, v.
Bièvre (M. de) tenait le sceptre des calembourgs. 222, IV.
Bernis (le cardinal); sa réputation. 40, III.
Bicêtre. 295, III.
Bigottini (Mlle). 365, IV.
Bibliothèque-Royale; son origine. 141, III.
Blanvillain, instituteur à Pontoise, 29. Son mérite. 30, IV.
Bois-Bourdon, amant d'Isabeau de Bavière. 7, III.
Bletton. 143, IV.
Blondel; son arc de triomphe. 140, III.
Bielfeld; son livre sur les dettes. 63, III.
Boileau; son opinion sur Britannicus, 8, II. Son opinion sur les jeux de mots. 227, v.
Boindin; ses discussions. 86, III.
Bonne Dame (la). 18, IV.
Bons Pauvres de Bicêtre 296, III.

DES MATIÈRES.

Boucher; son mérite, son influence. 374, IV.
Bourgeois de Paris; leur insouciance. 139, III.
Boulevarts (curiosités des). 227, I ; 24, V.
Bouquetière. Sujet du N°. 222, II.
Bœuf-Gras (le cortége du). 64, II.
Bourbon (le Connétable de). 269, v. Tragédie. 42, III.
—— (hôtel), restaurant. 88, III.
Bourgeois-chasseurs à Paris. 185, IV.
Bougainville; son perroquet. 106, III.
Bozio; sa description des Catacombes de Rome. 355, II.
Boursault; sa comédie des Mots à la Mode. 133, IV.
Bourse pour les cheveux; son origine. 276, IV.
Boutiques; leur décoration. 177, I.
Bouyer; son Neptune. 38, III.
Braquet. 43, III.
Britannicus (première représentation de). 6, II.
Briquet. 43, III.
Broc (Mme de); ses funérailles. 19, IV.
Brantôme; anecdote sur un duel. 250, III.
Brutal; nom que les soldats donnent au canon. 79, IV.
Bruyère (La). 255, 271, 294, 302, II.
Brydaine (le P.), fameux prédicateur. 29, II.
Buffon; Apologie de la Chasse. 85, 164, IV.
—— son chapitre le plus remarquable. 200, IV.
Bureau d'un journal. Sujet du N° XXXVIII. II.
—— *de deuil.* Sujet du N° CXI. 102, V.

C

Cabales (les). Sujet du N°. 191, II.
Cabaleurs; leur origine. 235, III.

Cabinets de restaurateurs. 89, III.
—— des médailles. 149, III.
Cabriolets. 117, I.
Cadran-Bleu; restaurateur. 71, I; 89, III.
Cercle des Etrangers. 133, III.
Café de la Régence. 231, III.
—— *Manoury*, 160. *Conti*, 162, V.
—— *Touchard.* Sujet du N° LXXIII. 191, III.
Cafés. 103, I.
Cagliostro. 142, IV.
Cailhava. 274, III.
Califourchon (chacun à son). 1, II.
Calembourgs. 229, 232, V.
Calomnie (passage de Massillon sur la), 101. De Diderot. 109, II.
Calambredaine. 134, V.
Catherine, servante d'auberge. 87, III.
Caractères des peuples changent avec le tems. 1[?]2, V.
Cénotaphe. 258, V.
Campagne (tableau d'un séjour à la), 45, 54, 207, I. (partie de), 212. Condition de l'habitant des campagnes est plus heureuse. 330, II.
Caquets. Sujet du N° CVIII. 66, V.
Cédrenus; sa chronique. 214, V.
Capitulations de Conscience, comédie condamnée par une cabale. 197, II.
Caveau (société du), 214. Moderne, *ibid.* IV.
Carte payante. 90, III.
Catinat. 14, IV.
Carnaval. Sujet du N° VI. II. Dérivation du mot. 61, 62, II.
Cartelier. 387, II.
Catacombes de Paris. Sujet du N°. 54, II.

Carouzel, un jour de revue. 130, II.
Cellule de l'Hermite. Sujet du N° CVII. 53, V.
Chamfort. 153, 172, 281, II. (Mot de), 75, III.
Charlatans. 283, III. En France. 140, IV.
Champ-de-Mars (courses du). 200, IV.
Chansons (Histoire de France en). 258, IV.
Charles VI; son règne, 6, III; 27, 287, IV.
—— *VII*; sa cour, 7, III; 28, IV.
—— *IX*. 131, V.
Charité (opinion de l'Hermite sur la). 137, V.
Charrier. 98, IV. Son jeu de paume. 245, V.
Chapitre des Considérations. Sujet du N° LXIII. 49, III.
Chartres (café de). 130, IV.
Chasse (une partie de), 153. Opinion de Platon, Lycurgue, saint Augustin, etc. 4, 163, IV.
Chateaubriant. 362, II. Sa description de la fête des Rois. 30, V.
Chaulieu (vers de). 284, V.
Cheminées (observations sur les). 12, I.
Châteauroux (Mme). 57, III.
Chénier (les Mouches du Coche, satire inédite de). 93, II.
Cherbourg (le bassin de). 354, IV.
Chevaliers et chevalières d'industrie; assiègent à Paris les nouveaux débarqués. 16, II. De la Table-Ronde, 356, IV.
Chiens (Lettre sur l'Histoire des). 197, IV.
Chiffonnier sentimental. Sujet du N° XV. 167, I.
Chirni; ses archives. 299, III.
Chesterfield (mot de). 75, III.
Chinoise (chapeau à la). 378, IV.
Choiseul (maximes de M. de). 76, III.

Cicéron; son opinion sur la vieillesse. 2, v. La perte de sa fille. 158, II. Voltaire de Rome. 77, III.
Ci-devant jeune homme (un). 83, III.
Cimetières de Montmartre, de Mont-Louis; anecdotes. 158, 245, I.
Cinquante-mille-hommes, célèbre nouvelliste. 156, v.
Clairon (Melle). 55. III.
Cléon, nouvelliste. 163, v.
Clisson. 269, v.
Cloche; inconvénient d'une cloche qui sonne le diner. 191, IV.
Closter-Seven (journée de). 51, III.
Chronique édifiante, scandaleuse. 126, I.
Cocher (histoire d'un). 29, III.
Cocher de fiacre et de coucou. 6, IV.
Collin d'Harleville. 140, II.
Collé; ses Chansons. 19, III.
Colardeau; mot sur l'Egoïsme. 97, v; 54, III.
Colliau, lingère célèbre. 282, v.
Colombe, victime d'une cabale, 193, II; 141, IV.
Comédie-Française. 365, IV.
Comète (anecdote sur la), 52. Son influence, 67, I.
Comédiens de province. Voy. *café Touchard;* leurs mœurs. 193, III.
Commérage. 235, v.
Commissionnaire au Mont-de-Piété; son bureau 158, III.
Compilateurs. 147, III.
Conciergerie (scènes à la) 290, IV.
Conrad; son silence prudent. 40, III.
Corronelli; ses globes. 145, III.
Consultations. Sujet du N°. 367, II.

Conservateurs de la Bibliothèque. 151, III.
Contat (Mlle). 366, IV.
Contraste près du théâtre des Variétés. 136, IV.
Convenances (défaut de). 139, I.
Conversation (Poëme de la). 388, II.
—— chez les restaurateurs. 96, III.
Convois funèbres (usages observés aux). 305, V.
Coquard de la Grivaudière; manière de se faire peindre. 123, V.
Corneille (Thomas); succès ridicule de Timocrate. 75, II.
Cordons bleus, de la livrée. 138, V.
Cornet le docteur; son livre de la fréquente communion. 58, II.
Corneille (Pierre); son ame. 270, V.
Correspondance; sujet du N° XI. 119; du N° XVI. 179; du N° XVIII. 206; du N° XXI. 241; du N° XXIII. 272, I. De l'Hermite. 188, IV. Inédites, 217, 293. De l'Hermite. Sujet du N° CXX. 224, V.
Cortez, meurt dans l'indigence. 193, II.
Cosmopolisme (système de). 350, IV.
Cotelle. 58, II.
Costume national désiré pour les hommes. 282, IV.
Cotebroch-Dale, pont célèbre de Londres. 129, V.
Cotin (Mme), succès et mérite de ses romans. 154, II.
Coysevox, sculpteur célèbre. 132, V.
Coucous, petites voitures. 5, 6, IV.
Couplets. 79, IV.
Cousin d'Avalon, auteur d'*Ana*. 8, I.
Cousin (le) des eaux. 119, IV.
Cour d'Assises. 157, IV.

Courre (nomenclature de la chasse à). 167, IV.
Courtois; ses cachemires. 227, III.
Courses du Champ-de-Mars, 200. Leur origine en France. 202, IV.
Crapaud, sac pour les cheveux. 276, IV.
Cracovistes. 156, V.
Cuvier (anatomie comparée de). 58, II.
Crébillon fils; son Sopha. 41, V. Ses Romans. 19, III.
Creuzé de Lesser; ses poëmes. 356. IV.
Croisades (Histoire des). 358, IV.
Croix de Malte (la), restaurant. 85, III.
Croupier de jeu. 107, IV.
Curtius; ses figures. 245, V.

D

Dacier (Mme). citée. 192, II.
Dagotty; ses porcelaines, 25. I.
Danser; Louis XIV renonce à danser après la première représentation de Britannicus. 9, II.
Darius; son cheval. 201, IV.
Daubenton; son tombeau. 219, III.
Découverte (nouvelles). 45, II.
Degen; expérience de vol à tire d'ailes. 390, II; 279, V.
Delamarre, célèbre basse. 53, I.
Delille, cité, 354, II. Sa mort. 369. IV.
Delseve, fameux voleur. 303, III.
Demi-tenue (une). 100, IV.
Descartes. 141, IV. Son opinion sur l'ame des bêtes. 107, III.
Déshoulières (Mme). 357, IV.

DES MATIÈRES. 323

Dettes (Lettre d'un jeune prisonnier pour). 186, I.
Despares (M. et Mme). 118, IV.
Despaux (Mme). 224, III.
Destival, auteur dramatique; sa modestie. 46, III.
Départ de la chaîne. Sujet du N° LXXX. 292, 3.
Devises. 77, IV.
Diamans, qui les emploie la première fois. 267, IV.
Diderot, cité, 109, II. Son opinion sur les journaux. 171, V. Son Salon de 1766. 310, III.
Didot, M. P. Didot l'aîné. 227, IV.
Dinan (eaux minérales de). 117, IV.
Dîner d'étiquette. 131, I.
Directeurs de spectacle. 199 et suiv., III.
Distribution de prix. Sujet du N° VIII. 78. Usages, Anecdotes. 80, I.
Docteur (entretien de l'Hermite avec son). 1, V.
Donnadieu. 128, IV.
Dorat. 235, III.
Doppat; son mot sur Mesmer. 145, IV.
Doublet (Mme); son bureau d'esprit. 53, III.
Dramatique (l'art). 175, II.
Dubarry (Mme). 19, III.
Dubelloy, son talent, 270, V.
Dubief, joaillier. 282, V.
Dufresnoy (Mme); ses Elégies, 375, IV. Ses vers. 17, V.
Dubois (le cardinal). 15, III.
Duchesnois (Mlle). 100, IV.
Duclos cité, 248, 271, 318, II. Son testament. 215, V. Son opinion sur le ridicule. 76, III.
Dudéfant (Mme). 156, II.
Duel. Sujet du N° LXXVII. 243, III. Son origine. 245, III.
Dugazon (Mme). 365, IV; 246, V.

Dunois, bâtard d'Orléans. 7, III; 269, V.
Duguesclin (trait de). 269, V.
Dupont de Pantin; Lettre sur le mélodrame. 273, V.
Duprat (le chancelier). 302, IV.
Duthé, fameuse courtisane. 20, III.
Dutheil, auteur provençal. 54, III.

E

Eaux (la saison des). 103. (Usage d'aller aux). 105. (Pourquoi on est si joyeux aux). 106. Le cousin des eaux. 119. Les poètes s'y trouvent. 121. IV.
Ecluse (parade de l'). 245, V.
Ecrivain public. 74, IV.
Education. 78, 180, I.
Egoïsme. 376, II.
Egoïste. Sujet du N° CX. 90. Sujet de comédie. 92, V.
Elleviou; sa retraite. 103, III; 366, IV.
Embarras de Paris, les anciens et les nouveaux. 3, I.
Ennui (l'). 281, 374, II.
Enseignes peu convenables aux magasins qu'elles décorent. 116, I.
Enterrement d'une jeune fille. 158, II.
Envie. 379, II. (Opinion de Lamothe sur l'). 147, V.
Epoques de la galanterie française. Sujet du N° LX. 1, III. Sujet du poëme. 2, III.
Epinay (maison de la campagne de Mme d'). 17, IV.
Erasme; son opinion sur les fous. 105, III.
Ernest de Lallé. 91, IV. Sa relation de la mort de l'Hermite. 203, V.

Escalins, petits chevaux. 109, IV.

Etages (les six d'une maison de la rue Saint-Honoré. 133, II.

Etienne; sa comédie des Deux-Gendres. 390, II.

Etrennes (les). Sujet du N° XXVI. 315, I.

Eugène et Guillaume, roman de M. Picard. 360, IV.

Eusèbe, cité. 214, V.

Evêque (de Fréjus l'). 15, III.

Exécution (une) en Grève. 283, IV.

Exposition des tableaux; leur origine. 308, III.

Expressions à la mode. 154, I.

F

Fables, par M. Arnault. 356, IV.

Factum contre l'Hermite. 168, V.

Fagan; ses Originaux. 248, III.

Famille, de toutes les sociétés la plus douce. 256, II.

Faria (l'abbé). 140, IV.

Faujas. 58, II.

Fauconnerie (la). 166, IV.

Fausse Honte, comédie condamnée par une cabale. 196, II.

Fayette (Mlle de la), roman de Mme de Genlis. 361, IV.

Feinaigle; mnémonique. 147, II.

Femme de ménage (histoire d'une). 66, V. A la mode. 242, V.

Ferlus (le baron de). 120, IV.

Feuille morte (couleur de); son origine. 266, IV.

Fiacres; origine de cette dénomination. 78. Observations sur leur usage. 75, I.

Financière (perruques à la). 373, IV.

Figaro. 42, 50, III.
Fille Sauvage, mélodrame. 175, II.
Flamsteed; son Atlas Céleste. 38, III.
Fête de Famille. 27, v.
—— des Rois, connue des anciens. 32, v.
Fleuranges (mot de). 4, III.
Fleurs de différentes sortes; leur vogue, 181. Emblêmes, 188. (Anecdotes sur les) 189, III.
Flobert; ses Amours. 53, III.
Fontanelle (vers de), 306, v.
Folle Querelle, parodie d'Andromaque. 8, II.
Fontaine (le P.) Cicerone de la vallée de Montmorency. 15, IV.
Fontaine du boulevart; sa description. 19, I; 287, II.
—— d'Amour. 28, 47, IV.
—— des Fresnes. *Ibid.*
—— de Jouvence. 116, IV.
Fontenelle. 90, II. Son égoïsme. 96. (Mort de) 180, 193, v.
Forcalquier (M. de); sa coterie, dite du Salon vert. 199, II.
Fous de différentes sortes. 121, III.
Fontenoy (bataille de). 194, v.
Fraises; leur origine. 267, IV.
Françaises (les) ont de l'aversion pour la chasse. 185, IV.
Français; ils ont sur les théâtres subverti les genres. 16, 20. Leur indifférence pour les talens nationaux. 25, 26, 27. Un de leurs ridicules. 28. Caractère national. 99. Aiment trop les cabales. 193, 283, II. Une de leurs manies. 9, 98. Ne tournent pas les

étrangers en ridicule. 147. Comment ils changent un cri des Romains. 152, 256, IV.

Franchise, son abus. 42, II.

François Ier; sa cour. 9, III.

France; charlatans, 140. On y parodie tout. 185, IV. Sa situation en 1813. 350, IV.

Francœur. 55, III.

Fracansalle, ancien acteur. 135, V.

Frascati, jardin public. 22, III.

Fraude (la). 143, V.

Frères Provençaux, restaurateurs. 92, III.

Freret. 161, II.

Frivolité, ouvrage à la mode. 244, V.

Furetières. 283, II.

G

Gabrielle de Vergy. 100, IV.

Gaîté (théâtre de la). 271. V.

Galland de Fontenay-aux-Roses (Lettre de M.). 247, V.

Galerie d'originaux. Sujet du n° XIX. 217, I.

Galilée. 193, II.

Galiotte, restaurant. 89, III.

Galliea. 282, II.

Gambier, inspecteur des Catacombes. 365, II.

Gastronomie. 144, V.

Gardel (Mme). 45, 101, IV.

Gâteau des Rois. Sujet du N° CV. 27, V.

Gaule Poétique de Marchangy. 359, IV.

Géliotte. 166, III.

Geoffrin (Mme). 156, II.
Gérard. 155, II. Vandyck Français. 221, IV.
Géologique (cabinet); dans les Catacombes. 564, II.
Gerbier. 52, III.
Gens (en bonnet de nuit, les). Sujet du N° CVI. 40, V.
Gibecière (le baron de la); sa Lettre à l'Hermite. 175, IV.
Ginguené ; son Histoire littéraire d'Italie. 358, IV.
Giustiniani, galerie. 237, V.
Gheal, bourg habité par des fous. 117, III.
Glaneur, de M. Jay. 360, IV.
Gluck. 40, IV.
Goffin, le brave. 152, II.
Gombette (loi). 245, III.
Gosselin (Mlle). 45, 101, IV.
Goujeon (Jean), célèbre sculpteur. 387, II.
Gratis, un jour de spectacle. 323, 329, IV.
Gresset ; son Méchant. 19, III. Cité, 137, IV.
Grétry. 25, II. Ses obsèques. 235. Sa mort. 367, IV.
Grève (une exécution en). 283, IV.
Grimod de la Reynière. 9, I.
Grimm (le baron de). 359. Son petit Prophète. 38, IV.
Groningue, pour Groenland. 139, IV.
Guiche (Mme de) visite les Catacombes. 258, II.
Gueffier (le P.); son Histoire de France. 275, V.
Guiane (l'Hermite de la). 335, IV.
Guimard (Mlle). 45, IV.

H

Habit (l') des hommes en France. 281, IV.
Habitudes; leur agrément. 53, V.
Habitués du pont des Arts. 13, V.
Halle (les dames de la). 329, IV.
Hardi café. 100, IV.
Haüy. 58, II.
Helvétius; son ouvrage. 274, V.
Heureux; l'homme le plus heureux. 267. La condition la plus heureuse. 380, II.
Hénault (le président). 61, III; ses dialogues. 275, V.
Héricart de Thury, ingénieur des mines. 365, II.
Hermitage de Rousseau. 318, II.
Hermite du Janicule. 236, IV.
Henri IV; son indulgence pour les duels. 246, III. Sa statue. 133, V.
—— *II*; sa cour. *ibid.*
Henri (la mère). 27, III; son restaurant. 28, III.
Hermite; deux journées de sa vie à quarante ans de distance. 25, II.
—— Au café de Chartres. Sujet du N°. 293. Visite les catacombes. 354. Médecin de l'ame. 367. Son rêve. 381, II; 247, IV.
Hermite et son médecin. Sujet du N° CIII. 1, V.
—— de la Guiane. 335, 347, IV. Les deux Hermites. 349, IV.
—— de l'Opéra. 272, I.
Hevelius; son atlas. 38, III.
Histoire d'un Jokey. Sujet du N° LXXI. 166, III.
—— d'un schall. Sujet du N° LIII. 304, II.
—— d'une petite paysanne. 331, II.

Homme à la mode; son désœuvrement. 76. I. De lettres. 300, V.

Homère. 303, V.

Hôpitaux; usages, anecdotes. 90, I.

Hornet; sa vente après décès. 205, III.

Histoire littéraire d'Italie, par Ginguené. 358, IV.

Hobbes; son opinion sur le Monde. 167, V.

Horace. 67, II; son opinion sur la perfectibilité. 141, V.

Hôpital; visite (d') 296, IV.

Hôtel-Dieu à Paris, 299; autrefois et aujourd'hui. 3, 302, IV.

Houdon; sa Diane. 144, III.

Howards; son livre sur les prisons. 65, III.

Hypocrisie; manière dont elle est peinte par Molière, Beaumarchais, Chéron, Boileau, d'Alembert. 34, I.

Hypolite, fameux coiffeur. 272, III.

I

Inconséquence des Français. 279, V.

Inoculation. 141, IV.

Institution des Sourds-Muets. Sujet du N° LXXVIII. 257, III.

Intrigante (l'). 366, IV.

Intrigans, leurs statuts. 148, V.

Isabeau, fameuse courtisane mulâtresse. 310, II.

Isabelle (couleur), son origine. 267, IV.

Isam, inventeur d'une espèce d'apologue. 304, II.

J

Jacob, marchand de meubles. 167, III.

—— (le Père), carme. 343, II.

Jacotel, (M.). 112, IV.
Jard, fameux voleur. 301, III.
Jardin des Princes. 247, V.
Jardins particuliers à Paris. 44, I.
—— (Diverses définitions des). 250, V. (Description des) 253, V.
Jaen (le chevalier de). 128, IV.
Jeanne de Bourgogne, sa galanterie cruelle. 132, V.
Jeu. 140. (maison de). 141, I.
Jeux de mots. 255, V.
Jeune fille (enterrement d'une). 158, II.
Jokey; son histoire. 169, III.
Journal (bureau d'un). 57, III.
—— d'une femme à la mode. 33. L'utilité de tenir un journal de sa vie. 122, II.
Journalistes; manuel à leur usage. 175, V.
Journaux; déterminent l'opinion. 63, I. Inconnus en Grèce. *ibid.* L'époque de leur établissement. Sujet du N°. 342. II. Comment ils sont rédigés. 170, V.
Journée d'un commissionnaire. Sujet du N° XXIV. 286, I.
—— d'un fiacre (la). Sujet du N° LXI.
—— d'un jeune homme. 89, IV.
Jours priés. 312, IV.
—— d'habitude. *Ibid.*
Juvenal. 317, II.

K

Kokoli, perroquet de M. de Bougainville. 106, III.

L

Laboureur chinois 363, IV.

Lafosse; dôme des Invalides. 140, III.

Lagrange; sa mort. 354. IV.

Laharpe. 335, III.

Lally (le général). 287.

Lamotte-Levayer; cité. 3, II.

Langlès, savant orientaliste. 316, II.

Lapin. 10, IV.

Larcher. 392, II.

Latin (le pays). Sujet du N° XXXI. 49. Origine de son nom. 54, II.

Laumond (l'assassin), allant à l'échafaud. 290, IV.

Lauzun; ses manières. 13, III.

Leclerc. 266, III.

Legouvé, mort en 1812. 392, II.

Law (l'aventurier). 143, IV.

Lawfeld (bataille de). 194, V.

Le Batteux; ses quatre poétiques. 49, III.

Lemierre (vers de). 246. V.

Le Nôtre; ses jardins. 251, V; 140, III.

Lectures et succès de salons. Sujet du N° LXII. 37, III.

Lenormand; son magasin. 227, III.

Léonard, coiffeur célèbre. 277, IV.

Léonie de Montbreuse. 361, IV.

Le Roi, marchand de modes. 282, V; 227, III.

Le Sage; son Diable Boiteux. 40, V. Son Turcaret. 15, III.

Lesage, phisicien; ses Leçons, 180, III.

L'Espinasse (Mlle); ses Lettres. 217, V.

DES MATIÈRES.

Lettres à l'Hermite. 2, IV. D'un bourgeois du Marais. Sujet du N° VI. 61. Seconde Lettre, sujet du N° X. 106. D'un vieil auteur. 119. D'un amateur de jardins. 128. D'un littérateur du Marais sur les Albums. 143. De Sainte-Pélagie. 186, I. Du marquis d'Hernouville. 5. D'un baron allemand. 12. Sur des infortunes littéraires. 16. Sur les abus du théâtre. 16, 20. D'une dame à la mode, contre l'érudition. 20. D'un prétendu savant en faveur de l'érudition. 24. Sur l'orgueil national. 24. Lettres anonymes. Sujet du N°. 98, II.

Lettres persannes. 154, II.

Levêque. 392, II.

Levis (M. le duc); ses caractères. 25, IV.

Ligue, (la). 143, V.

Loret, journaliste-poète. 328, IV.

Loterie (la). Sujet du N° XXII. 259. (Tirage de la). 267, I.

Louis IX; son vœu. 27, IV.

—— *XI*. 287. IV. Sa cour. 8, III.

—— *XIII*; sa rigueur pour les duellistes. 246, III.

—— *XIV*; sa cour sur la fin de son règne. 271, IV. Son siècle. 42, III. Sa politesse. 12. Ses malheurs. 13. (Mot de). 14. Ses édits sur les duels. 247, III.

—— *XV*. (Un bon mot de). 203. Les modes sous son règne. 372. Sa maladie. 193, V. Son règne. 194, V. Son mariage, 56. III. Ses galanteries. 18, III. Duels sous son règne. 247, III.

Louvre (le) achevé. 2, 351, IV; 131, V.

Lucrèce. 161, II.

Luxembourg (les petits soupers du). 374, IV.
—— (notice sur le palais du). 175, I.

M

Macédoine. 127, IV.
Magasin à la mode, Asthley – Doche, Kiggen, Sakoski, le Roi, Mlle Despaux, Herbault, Laboulée, etc. 76, I.
Magnétisme animal. 14, IV.
—— utile quand le sucre est cher. 149, IV.
Maintenon (Mme de), citée. 188, II, 13, III.
Maison de prêt. Sujet du N° LXX. 153, III.
—— de l'Hermite (anecdotes sur la). 274, III.
—— des fous. Sujet du N° LXVII. 105, III.
Maisons célèbres à Paris, (anecdotes sur les). 272, III.
Majesté, quand le Roi de France prenait ce titre. 55, IV.
Maladie de l'Hermite. Sujet du N° CXVII. 192, V.
Malfilâtre cité. 363, II.
Malherbe (stance de). 158.
Mallet (conspiration de). 387, II.
Manuscrits (salle des). 150, III.
Marchangy; sa Gaule Poétique. 359, IV.
Mansard. 308, III.
Marais, quartier de Paris; ses mœurs. 66, 68, 93, 106, I.
Marc-Antoine. 77, III.
Marché-aux-Fleurs, 89, I. Sujet du N° LXXII. 179, III.
Marchés qui se terminent à Paris. 352, IV.
—— publics, 102, II.

Mariage (propositions de). 84. Un mariage. Sujet du N°. XXXVI. 110, II.

Marigny (M. de). 56, III.

Maribarou (M.). 43, III.

Marmontel. 207, II. Son opinion sur les livres. 64, I. Ses Mémoires. 300, V.

Martin de Picpus (Lettre de M.). 260, V.

Martinet, le feu docteur. 112, IV.

Matinée d'une Jolie Femme. Sujet du N° LXXV. 216, III.

Mazarin (manie du cardinal). 76, III. Son mausolée. 132, V.

Massieu. 262, III.

Mascarade (dérivation du mot). 62, II.

Maurepas (M. de). 57, III.

Massillon, cité. 101, II.

Méchant (le) de Gresset. 199, II.

Médecin qui étudie la nature dans les prisons. 289, IV.
—— charitable; son ordonnance. 152, II.

Maupeou (parlement). 75, III.

Médée. 363, IV.

Meilhan (M. de). ses Portraits. 360, IV.

Mélodrame (dialogue sur le). 263, V.

Mémoire (le) utile et comment. 10, II.

Mémorency. 7, IV.

Mendicité, moyens employés pour la diminuer. 37, I.

Merseuil (Eugène de). Lettre. 66, III.

Messageries (le cour des). Sujet du N° L. 268, II.

Mesmer. 144, IV.

Mesmérisme. 145, IV.

Mes projets pour l'an 1814. Sujet du N° CIII. 1, V.

Métra, célèbre nouvelliste. 156, v.

Michaud ; son Histoire des Croisades. 133, IV ; 389, II.

Michel et Reynier ; leur affaire. 154, IV.

Millon (un ballet de M.). 365, IV.

Milouart ; ses expériences. 180, III.

Milton. 199, II.

Mirabeau, cité. 245 (exclamation de). 131, v. Ses Lettres. 217, v.

Misantrope, tombé à la première représentation. 230, II.

Modèles pour les peintres ; un à l'Hôtel-Dieu. 307, IV.

Molière. 179, III. Mot sur le Tartuffe. 226, v.

Modes ; révolutions des modes. 247, IV.

Mœurs des anciens plus blâmables que les nôtres. 32, I.

—— des salons. Sujet du N° XII. 131, I.

—— de la Chaussée-d'Antin. 193, I.

—— Publiques. 201, 214, I.

—— d'antichambre. Sujet du N° XX. 229.

—— des Halles ; anecdote. 327, I.

Monde (connaître le). 24, III.

Montaigne, cité. 152, 159, 161, 178, 245, II. Conseille la résignation. 269, v.

Mondouville, 55, III.

Monnaies (hôtel des). 133, v.

Mont-de-Piété. 156, III.

Montmartre (combat de). 187, v.

Montesquieu ; un de ses mots. 370. Son opinion sur la situation de Paris. 180, v.

Montmorency (Bouchard de). 61, III.

Monsieur, son entrée à Paris. 198, v.

DES MATIÈRES.

Monumens aussi brillans qu'utiles qui s'élèvent à Paris. 352, IV.

Monvel, mort en 1812. 392, II.

Mort d'Annibal (anecdote sur la représentation de la). 267, v.

Moral (au); ce que c'est. 320, IV.

Moraliste (un), en contre-point. 229, IV.

Moreau, compositeur de romances. 225, III.

Morgue. Sujet du N° CIX. 77. (anecdote sur la). 82, V.

More (sir Thomas); une comparaison qu'il a faite. 110, II.

Mort de l'Hermite. Sujet du N° CXVIII. 201, V.

Moscou (l'incendie de), par les Russes. 386, II.

Mouche, sorte de perruque. 123, III.

Mourir (émotion qu'on éprouve en voyant). 293, IV.

Moustaches; leur histoire. 265, IV.

Mureille (André); son procès. 103, III.

Musicien (lettre d'un). 194, IV.

Musique (querelles de). 391, II.

N

Nanine; son histoire. 340, IV.

Napoléon. 387, II.

Nattier, fleuriste. 227, III.

Nature (la). Pourquoi ce mot a perdu son crédit. 134, IV.

Néant (le). Opinion de quelques philosophes à ce sujet. 161, II.

Nécrologie dans les journaux. 289, V.

Nerfs (maux de). 5, V.

Nino (chapeaux à la). 277, IV.

Nicollet; son théâtre. 245, V.

Ninus II. 366, IV.
Noces. Sujet du N° XXXVI. 110, II.
—— à la Courtille. Sujet du N°. 281, II.
Nom de Jésus, restaurant. 88, III.
Noustier, son magasin. 227, III.
Nouvellistes. Sujet du N° CXV. 155. (Diverses espèces de). 156, V.

O

Odiot, célèbre orfèvre. 25, I.
Ogresse, pièce des Variétés. 66, I.
Opéra en 1813. 362, IV. (bal de). Sujet du N° XXXII. 61, II; 231, III. (bals de). 15, III.
Orléans (le duc d'). III.
Ordonnance d'un médecin charitable. 152, II.
Ordre (l'esprit d'). 121, II.
Originaux (la comédie des). 319, IV.
Ossone (jugement du duc). 230, V.
Ostéologiques, monstruosités. 365, II.
Ovide, cité. III.

P

Pablo de la Barca (don); son ouvrage sur le Sage. 169, V.
Pageville (le chevalier de); son histoire. 336, IV.
Palais (le). 152, IV.
—— Royal. 296, I. Sujet du N° XLVII. 231, II.
Panier, d'où vient son nom. 269, IV.
Panorama, vue du Pont-des-Arts. 131, V.
Parades des boulevards. 246, V.
Parfumeurs, quand ils ont commencé. 268, IV. Ce qu'Addison en dit. 70, 269, IV.

DES MATIÈRES.

Parrain. Sujet du N° III. 21, I.
Paradoxes. 269, I.
Parasite moderne. 203, I; 138, III.
Parc aux Cerfs. 19, III.
Parny (Mme de), Mlle Contat, sa mort. 366, IV.
Paris (le diacre). 193, II.
Paris. 127. Ses cafés. 131. (La ville de). 139, 141, 161, 192. Les choses qu'un étranger y visite. 297. Son embellissement en 1813. 351, IV. A différentes heures. Sujet du N° LXVIII. 129, III. (Voyages à). 248, I. Dangers auxquels y sont exposés les étrangers. 13. Tout s'y règle par le caprice. 45. La vie d'un jeune étudiant à. 53. Les lettres anonymes y deviennent communes. 99. Des inconvéniens qui s'y rencontrent. 164. Une espèce de famille plus nombreuse qu'on ne croit. 225. Tous les arts y fleurissent. 387, II.
Parisiens, les Français par excellence. 153. Leur caractère. 283, IV; 138, 255, I. Leur admiration pour toute espèce de mérite étranger. 25. Un de leurs ridicules. 28.
Partie de campagne. Sujet du N° XLV. 212, II.
Pas-perdus (salle des). 155, IV.
Pascal, cité. 145, II.
Patriotisme. 25, II.
Pavillon (d'Hanovre); lieu de plaisir. 22, III.
Paul et Virginie; traduction italienne. 33, 277, IV.
Paul, domestique de l'Hermite. 218, V.
Pauly; ses armes. 98, IV; 187, V.
Pays latin. Sujet du N° XXXI. 49, II.
Paysanne (histoire d'une petite). 331, II.
Pensées; les plus grandes naissent des sentimens tristes. 161, II.

Père (un bon) ; le plus heureux des hommes. 267, II.
Perrault; sa colonnade. 140, III ; 387, II.
Percier, architecte. 387, II.
Péristyles (inconvénient des). 164, II.
Perfectibilité. 141, V.
Pernelle (la bonne). 33, IV.
Pervanche, fleur à la mode. 181, III.
Petit Dunkerque, magasin fameux. 323, I.
Petite Maison, opéra-comique. 197, II.
Petites-Maisons (première idée des). 374, IV.
Petite Fille et la Demoiselle. Sujet du N° LV. 329, II.
Pharaon (tailleur de). 108, IV.
Photius, le patriarche. 342, II.
Physicien du pont des Arts. 126, V.
Pigault-Lebrun. 283, II.
Pigeau, professeur. 58, II.
Picard ; son roman. 360, IV.
Pilon-Germain. 388, II.
Piron (mot de). 301, V.
Place (domestiques de) ; leurs inconvéniens. 15, II.
Place-Royale, rendez-vous des gens comme il faut. 2, III.
Plaideurs (anecdote sur la représentation des). 267, V.
Plaute. 289, II.
Plombières. 3. La salle du grand bassin. 3, 112. (Portraits de quelques habitués des eaux). 115, IV.
Poètes (les) thermals. 122, IV.
Pompadour (Mme). 19, III.
Police correctionnelle (Tribunal de). 161, IV.
Polignac (Mme de) visite les Catacombes. 358, II.
Pomme de Pin (la). 214, IV.
Ponce, moine espagnol. 261, III.
Pontécoulant (Mémoire administratif de M. le comte de). 119, III.

DES MATIÈRES.

Pont d'Austerlitz, 353. D'Iéna, *ibid.*, IV.
—— des Arts. Sujet du N° CXIII. 138, V.
—— de Paris, la plupart mal nommés. 129, V.
Pontoise (Voyage à). 1. (Situation de). 24. Ses moulins à blé. 25. (Collège de). 30. Son fameux mûrier. 31, IV.
Porette (Marguerite), brûlée. 286, IV.
Port-Mahon (galerie dite du). Catacombes. 359, II.
Portrait de l'auteur. Sujet du N° I., 1, I.
Portraits divers. 218. Des domestiques. 229, 251, I.
—— divers. 86, 179, II. De famille. 57, 219, V.
Pot-Pourri. Sujet du N°. 11, I. Du N° XXXIX. 146, II.
Poudre (l'usage de la). Son origine. 373, IV.
—— blonde. 75, II.
Préville. 26, III ; 246, V.
Prevost, garçon du café Tortoni. 98, IV.
Prie (Mme la marquise de). Ses intrigues. 56, III.
Prise de Paris. Sujet du N° CXVII. 180, V.
Prison pour dettes. Sujet du N° LXIV. 61, III. (Description d'une). 68, III.
Procope (l'antre de). 130, IV.
Projet de journal. Sujet du N° CXVI. 167, V.
Promenade à la Bibliothèque Royale. Sujet du N° LXIX. 139, III.
Promenades publiques, suivies ou quittées par caprice. 18, 42. Leurs inconvéniens pour une femme. 189, I.
Psaphon le Lybien. 200, II.
Public. Sujet du N° XLI. 169, II.
Puppi napolitani. 311, I.
Pythonisse (prédiction de la). 230, V.

Q

Quadrille ; son genre. 66, II.

Quarante ans de différence dans les mœurs de l'Hermite. 125, V.
Quelques ridicules. Sujet du N° LXV. 74, III.
Quelques vices à la mode. Sujet du N° CXIV. 41, V.
Quinze-Vingts (hospice des). 259, III.

R

Rabdomancie. 144, IV.
Rabelais, cité. 46, II. Mot sur la mort. 193, 233, V.
Racine. 193, 195, II.
Rambouillet (l'hôtel de). 193, II.
Rapprochemens d'objets disparates dans une prison. 294, IV. Historiques. 270, I.
Rateau, compagnon de Mallet. 201, V.
Raucoux (bataille de). 194, V.
Réglement des coulisses. 44, IV.
Régence (la). 148, V.
Regnard; vers de lui. 44, IV.
Renaudot, médecin, rédacteur de la première Gazette. 343.
Réponse à un bourgeois du Marais. Sujet du N° VII. 68, I.
Représentation (une) d'autrefois. Sujet du N° XXVII. 1, II.
Réputation littéraire. 194, II. (Fabrique de). 149, V.
Rêve de l'Hermite. Sujet du N° LIX. 381, II.
Révolutions des modes. 247, IV.
—— françaises; son effet sur les modes. 277, 344, IV.
Restaurateurs. Sujet du N° LXVI. 85, III.
Retz (le cardinal de). Tableau de la fronde. 195, V.
Revue de l'année 1813. 347, IV.
Reynier (Michel). L'affaire. 154, IV.

Richard le Bonhomme, cité. 58.
Richelieu (le duc de). Sa réputation. 16, III. (Bals de). 51, III.
Ridicules de l'année 1813. 369, IV.
Rigolet, grand nouvelliste. 157, V.
Rire impossible à modérer. 103, V.
Rochefoucault (la), cité. 245.
Robertson. 142, IV. Son Neptune. 38, III.
Roland, sculpteur. 387.
Romains superstitieux. 86. Leurs cuisiniers. 95, II.
Roncerolles (le baron de). Son caractère. 170, IV.
Roués, leur nom sous le Régent. 372, IV.
Roquette (l'abbé la). 3, 122, IV.
Rousseau (J.-J.). Ses Confessions. 16. Cité. 290, 318, II. Son opinion sur les duels. 247, III.
Roscius le comédien; sa fortune. 326.
Route du Simplon. 354, IV.
—— du Mont-Cénis, *ibid.*
Rulhières; sa réputation. 40, III.
Rumigny (le chevalier de). 37, V.

S

Sadi (conte de). 110, III. Cité. 307, II.
Saint Barthélemy. 132, V.
Saint Bruno, hospitalité de son couvent. 170, I.
Saint Lambert. 18, IV. Où il est enterré. 168, II.
Saint Foix, cité. 62. Ses Essais. 270, III.
Saint Evremond. 154, II.
Saint Pierre (la fête de). Sujet du N° XLIX. 256, II.
Saison des eaux. 103, IV.
Sage (le). 271, II.
Salgues (M.). 103, IV.

Salon des étrangers. 101, IV.

—— de 1812. Sujet du N° LXXXI. 306. Sa critique. 307, III.

Samaritaine (carillon de la). 133, V.

Scarron; son Roman-comique. 193, III.

Sceaux (cour de). 16, III.

Schall (histoire d'un). Sujet du N° LIII. 304, II.

Sciences exactes pendant l'année 1813. 354, IV.

Sédaine conseille la résignation. 296, V.

Sémiramis de Voltaire. 128, II.

Sénèque, cité. 52, 161, 263, II. Son opinion sur la mort d'un vieillard. 211, V.

Sentimental, mot à la mode. 134, IV.

—— le genre. Sujet du N° LIV. 317, II.

Sensibilité. 318, 328, II.

Sensiblerie. 318, II.

Septembre (le 2 1792). 364, II.

Sépultures. Sujet du N° XIV. 156, I.

Sévigné (Mme de). Son opinion sur Racine. 7, II.

Sœurs hospitalières; leurs vertus. 309, IV.

Shakespeare; son génie. 270, V.

Sheridan; scène de l'Ecole du Scandale. 165, 219, V.

Sicard (l'abbé). 262, III.

Singe. 10, IV.

Socrate. 161, 193, II.

Soirée (du grand monde, une). 310, IV.

Somnambulisme, donne le talent de lire en dormant. 140, 148, IV.

Songe d'un honnête homme. 2, 231, IV.

Sottise (la). Ce qu'elle a de commun avec les dieux. 391, II.

Souhaits de bonne année. 324, I.

Soupers d'autrefois. 312, IV.

Sourdis; son manège. 226, III.

Spa; sa réputation. 106. Pourquoi les conditions se rapprochent aux eaux. 108, IV.

Statues de jardins; leur choix. 257, V.

Suger (l'abbé). 61, III.

Spectacle, un jour de gratis. 323, IV.

Spirales noires pour les cheveux. 96, 102, IV.

Sterne. 288, IV; 271, II.

Stilicon de Thomas Corneille. 327, IV.

Suisse Picard. 117, I.

Suites d'un bal masqué. 366, IV.

Système de l'Ecossais Law. Ses effets. 272, IV.

T

Taconet. 26, III.

Tacite. 252, II.

Talma. 219, IV. Rôle d'Oreste. 131, 391, II.

Tailleur de Pharaon. 108, IV.

Tartufe (mot sur le). 42, III.

Tartufes. Sujet du N° IV. 32, I.

Témoins pour les duels. 252, III.

Temple (la société du). 214, IV; 16, III.

Templiers; lieu de leur supplice. 133, V.

Tencin (Mme de), imitateur de. 79, III, 198, II.

Ternaux; ses cachemires. 227, III.

Texier, fameux parfumeur. 24, I; 227, III.

Testament de l'Hermite. Sujet du N° CXIX. 214, V.

Théâtre (pièces de). 3, 332, IV.

Thélusson, hôtel. Ses Soirées. 22, III.

Théveneau; ses vers cités. 298, IV.

Thévenin, fameuse courtisane. 20, III.

Thoté; nom ridicule sur le buste de Rousseau. 320, II.

Thibault, comte de Champagne. 5, III.

Thurot. 53, III.
Tippo-Saëb. 6, 365, IV. Tragédie. 99, III.
Tic, mauvaise habitude. 72, I.
Tireuse de cartes. 237, 253, I.
Titon du Tillet; son Parnasse. 146, III.
Tivoli (bains de). 126, IV; 253, V.
Tombeaux dans les jardins. 287, V. Dans les cimetières avec leur épitaphe. 160, I.
Tortoni; le café. 97, IV.
Toulongeon. 392, II.
Tripet, fleuriste. 190, III; 242, V. Lettre de, 280, V.
Tristes (les sentimens) enfantent les grandes pensées. 161, II.
Troubadours (les), poëme. 357, IV.
—— (les). 6, III.
Tu. Locution à la mode, inconvenante pour les enfans envers leurs pères. 149, II.
Tueries, proposées par Turgot, établies sous Napoléon. 353, IV.
Tuileries. 298, I.
Turcaret, comédie de Lesage. 207.
Turgot; ce qu'il avait proposé pour Paris. 353, IV.

V

Vadé. 283, II.
Va-de-l'Avant (lettre à M.). 84, IV.
Val-d'Ajou. 114, IV.
Vanoz (Mme de). 357, IV.
Vardes (mot du marquis de). 13, III.
Varron, son opinion sur le bonheur. 108, I.
Vaudeville (la société du). 214, IV.
—— historique. 291, V.

DES MATIÈRES.   347

Veaux de Pontoise. 23, IV.
Vendôme (le grand prieur de). 16, III.
Vertpré (lettre de M.) sur les jardins. 282, V.
Veuves qui se brûlent aux Indes. 308, II.
Vernet ; son tableau de la bataille de Marengo. 225, III.
Venerie (la). 166, IV.
Vente après décès. Sujet du N° LXXIV. 203, III.
Vert-vert. 106, III.
Very, restaurateur. 90, III.
Verville ; son jardin. 26, IV.
Victimes (bal des). 22, III.
Victor des Bois, fameux voleur. 302, III.
Vie d'un jeune homme pendant un jour. 99, IV.
—— de château. Sujet du N° V. 44, I.
Vie, mot à la mode. 134, IV.
Vieillesse ; comment considérée, jadis et aujourd'hui. 28, I.
Villebrune ; son portrait. 121, IV.
Villet. 306, III.
Villeroi (le maréchal de). 15, 56, III.
Visites (les trois). Sujet du N° XLIV. 201, II.
Vincent (le père). 114, IV.
Virgile. 253, II.
Vogue (définition du mot). 36, II.
Voltaire ; son élection à l'Académie. 57, III.
—— ses conseils aux journalistes. 171, V; cité. 357, II.
Voisenon (l'abbé). 122, IV.
Voyage à Pontoise. Sujet du N° LXXXII. 1, IV.

W

Walpole (Horace), correspondant de Mme du Deffant. 156, II.
Walther. 96, IV.

Wilford (le capitaine); son ouvrage sur l'Inde. 152, II.
Willars. 143, IV.
Wolf. 342, II.

U

Une famille de la Chaussée-d'Antin. Sujet du N° XVIII. 192, I.
Une maison de la rue des Arcis. Sujet du N° LXXIX. 270, III.
Une première représentation d'aujourd'hui. Sujet du N° LXXVI. 229, III.
Une première représentation d'autrefois. Sujet du N° XXVII. 1, II.
Usuriers. 153, III.

Y

Yon (le café). 245, V.
Yorck (hôtel d'); restaurant. 87, III.
Young; cité. 161, 356, II. Son opinion sur l'ingratitude. 145, V.

Z

Zaire, de Voltaire. 332, IV.
Zoïle; sa punition par Ptolémée. 162, II.

FIN DE LA TABLE ALPHABÉTIQUE DES MATIÈRES.

AVIS DE L'ÉDITEUR.

—

Le premier volume du *Franc-Parleur*, faisant suite à l'*Hermite de la Chaussée-d'Antin*, et par le même auteur, paraîtra le 20 décembre prochain. Ce volume sera également orné de deux jolies gravures.

www.ingramcontent.com/pod-product-compliance
Lightning Source LLC
Chambersburg PA
CBHW050755170426
43202CB00013B/2431